Johann Wolfgang von Goethe

괴테에게 길을 묻다

김동중 저

전남대학교출판문화원

김동중

서울대학교 대학원 독어독문학과 문학박사
독일 함부르크, 카를스루에 대학교에서 독문학 연구
현재 전남대학교 인문대학 독일언어문학과 교수

저서 파우스트의 새로운 이해
독일 서정시의 새로운 이해

괴테에게 길을 묻다

인 쇄 | 2018년 1월 15일
발 행 | 2018년 1월 24일

저 자 | 김동중
발행인 | 정병석
발행처 | 전남대학교출판문화원

등 록 | 1981. 5. 21. 제53호
주 소 | 61186 광주광역시 북구 용봉로 77
전 화 | (062) 530-0571～2
마케팅 | (062) 530-0573
팩 스 | (062) 530-0579
홈페이지 | http://www.cnup.co.kr
이메일 | cnup0571@hanmail.net

값 10,000 원

ISBN 978-89-6849-462-8 (93850)

이 도서의 국립중앙도서관 출판예정도서목록(CIP)은 서지정보유통지원시스템 홈페이지(http://seoji.nl.go.kr)와 국가자료공동목록시스템(http://www.nl.go.kr/kolisnet)에서 이용하실 수 있습니다.
(CIP제어번호: CIP2018002258)

■ 머리말

이 책은 괴테의 대작『파우스트』와 괴테의 명시들을 인생의 다양한 주제들과 깊은 연관성이 있는 주요 장면들과 시행들을 중심으로 분석하고 종합한다.

드라마『파우스트』에서는 서론적 성격의 3장면, 비극 제1부, 비극 제2부를 인간의 본성에 내재된 양극성, 인간의 내면적 갈등과 고통, 인간의 욕망, 인간의 충동과 자유, 인간의 구원문제, 개인과 사회, 공동체, 국가, 세계와의 상호관계, 괴테시대의 정치, 경제, 사회 등의 관점에서 심도 있게 다루고, 괴테의 명시들은 사랑시, 세계관 시 그리고 자연시의 관점에서 분석된다. 사랑시에서는 괴테가 사랑했던 연인들을 위해 창작했던 시들을 살펴보고, 세계관 시에서는 괴테의 세계관, 인생관, 가치관에 중점을 두고, 자연시에서는 자연과 인간의 상호관계에 비중을 두고 분석한다.

더 나아가 괴테의『파우스트』와 그의 명시들에 나타난 주요 주제들을 오늘날 현대인들의 삶에 적용하여 행복한 성공자의 삶을 향유할 수 있는 비결과 이상적이고 올바른 인생의 방향을 제시해 보고자 한다.

2018. 1. 저자

■ 차 례

제1장

드라마 『파우스트』

제2장

서정시

제1장

드라마 『파우스트』

제1장 드라마 『파우스트』

괴테가 60여년에 걸쳐서 완성한 대작 『파우스트』는 인생의 다양한 주제들을 통괄하고 있는 '영혼 드라마'이자 독서용 드라마이며, 낭송극이자 무대극이기도 하다. 이 작품은 서곡 3장면, 비극 제1부, 비극 제2부로 구성되어 있다.

Ⅰ. 서곡 3장면

1. 헌사

'헌사' 장면은 괴테 자신의 젊은 날의 시적 영감과 충동에 대한 회고인 동시에 오랜 중단 끝에 이 작품을 다시 집필하기 위한 그의 결심과 내면적 긴장의 표출을 서술한다.

2. 무대에서의 서연

'무대에서의 서연' 장면에서는 상이한 세 입장에서 연극에 관한 뜨거운 토론이 벌어진다. 단장은 연극의 흥행성과 오락성을, 전속시인은 순수성과 내적 성취를, 익살꾼은 순간적 효과와 익살을 각각 역설하고 있다. 괴테는 연극작품이 이 세 가지 입장을 다 아우를 수 있어야 한다고 본다. 그는 이 작품의 부분들이 품위 있고 즐거우며 무엇인가 사색하게끔 하도록 구상했다.

단장은 군중들이 공연을 보고 싶어 안달이 나 밀물처럼 극장으로 몰려오게 할 수 있는 연극작품을 창작해 보라고 시인에게 요구하자 시인은 이렇게 응답한다.

한 순간 반짝 빛나는 것은 오래가지 못하고,
진정한 것은 후세에까지 살아남지요.(73-74행)

Was glänzt, ist für den Augenblick geboren,
Das Echte bleibt der Nachwelt unverloren.[1)]

시인은 무엇으로 사람들의 마음을 움직일까요?
무엇으로 자연의 원소들을 이겨낼 수 있을까요?

---

1) 앞으로 작품의 원문은 Goethes Werke, Hamburger Ausgabe Bd. 3, München 1986에서 인용함.

그것은 가슴에서 터져 나와 세계를 심장 속으로
다시 끌어들이는 화음을 통해서가 아닐까요? (138-141)

Wodurch bewegt er alle Herzen?
Wodurch besiegt er jedes Element?
Ist es der Einklang nicht, der aus dem Busen dringt
Und in sein Herz die Welt zurücke schlingt?

연극작품을 마치 수량공세, 범벅 죽, 잡탕밥, 시장사와 같은 현상적인 것으로 치부해 버리는 단장에게 시인은 진정하고 본질적인 것, 영원한 가치가 있는 것, 오랜 각고 끝에 나오는 완성품, 혼란스런 자연현상 속에서 화음을 울려 퍼지게 하는 것이 중요하다고 강조한다.

시인은 노래의 샘물이 끊임없이 새롭게 치솟아 나오던 그 시절을 그리워하며 돌려달라고 한다.

가진 것은 없었지만 진리를 알려는 몸부림과
즐거운 환상으로 마음만은 뿌듯했지요.
저 자유로운 충동을,
저 깊고 쓰리고 쓰린 행복을,
미워하고 사랑할 수 있는 힘을,
나의 젊음을 돌려주오! (192-197)

Ich hatte nichts und doch genug:
Den Drang nach Wahrheit und die Lust am Trug.
Gib ungebändigt jene Triebe,
Das tiefe, schmerzenvolle Glück,
Des Hasses Kraft, die Macht der Liebe,
Gib meine Jugend mir zurück!

단장은 이제 열띤 토론은 그만두고 어서 연극공연 준비를 하자고 재촉한다.

오늘 못한 일은 내일도 못하지.
단 하루도 놓치지 말아야지.
작정하고 우선 가능한 일부터
과감하게 시작하면
그것을 놓쳐 버리고 싶지 않아서
계속해서 일을 밀고 나가게 되겠지. (225-230)

Was heute nicht geschieht, ist morgen nicht getan,
Und keinen Tag soll man verpassen.
Das Mögliche soll der Entschluß
Beherzt sogleich beim Schopfe fassen,
Er will es dann nicht fahren lassen
Und wirket weiter, weil er muß.

단장은 이 장면 마지막에서 “천국에서 이 세상을 거쳐 지옥에 이르기까지 거닐어 보세” (241-242행)라고 말하는데, 이것은 이 작품의 내용이 천국, 현세, 지옥을 모두 다 포괄하고 있음을 뜻한다.

3. 천상의 서곡

‘천상의 서곡’ 장면은 작품『파우스트』전체의 줄거리와 근본이념을 함축하고 있다. 인간의 보편적 고뇌와 욕망, 신과 메피스토의 내기문제, 노력하는 인간유형, 인간의 본성과 악마의 역할이 제시되어 있다.

메피스토는 주님을 향해 인간들의 괴롭고 비참한 생활상을 비꼬는 말투로 퍼붓고 있다.

인간에게 하늘의 불빛을 주지 않았더라면
오히려 사람들은 더 잘 살 수 있지 않았을까요?
그들은 그것을 이성이라는 미명하에
어떤 짐승보다도 더 짐승답게 사는 데만 이용하고 있지요.
말씀드리긴 좀 그렇지만
인간들이란 다리 긴 메뚜기처럼
끊임없이 날뛰면서
풀밭에서 쓸데없는 구식 노래나 부르고 있네요.

풀밭에나 처박혀 있으면 좋을 텐데
잡동사니에다 그들의 코를 비벼 대고 있네요! (283-292)

Ein wenig besser würd' er leben,
Hättst du ihm nicht den Schein
des Himmelslichts gegeben;
Er nennt's Vernunft und braucht's allein,
Nur tierischer als jedes Tier zu sein.
Er scheint mir, mit Verlaub von Euer Gnaden,
Wie eine der langbeinigen Zikaden,
Die immer fliegt und fliegend springt
Und gleich im Gras ihr altes Liedchen singt;
Und läg' er nur noch immer in dem Grase!
In jeden Quark begräbt er seine Nase.

악마인 메피스토는 주님의 충실한 종인 파우스트의 기질을 이렇게 묘사한다.

그는 하늘에선 제일 아름다운 별들을 갖고 싶어 하고,
이 세상에선 모든 쾌락에 환장하고 싶지만,
가까이 있는 것이나 멀리 있는 것이나 모두 깊이 요동치는
그의 마음을 흡족하게 할 순 없지요. (304-307)

Vom Himmel fordert er die schönsten Sterne
Und von der Erde jede höchste Lust,
Und alle Näh' und alle Ferne
Befriedigt nicht die tiefbewegte Brust.

인간의 양극성, 신성과 동물성 사이의 갈등과 대립이 인간의 고통을 유발하는 원인인데, 만족할 줄 모르면 누구나 평생 동안 방황할 수밖에 없다.

이에 대한 주님의 리액션이 흥미롭다.

그가 이 세상에서 살아가고 있을 때
네가 그를 악마의 길로 끌어내려도 아무 상관없다.
인간은 열심히 노력하는 한 헤매게 되어 있다. (315-317)

DER HERR. Solang' er auf der Erde lebt,
Solange sei dir's nicht verboten.
Es irrt der Mensch, solang' er strebt.

이 정신을 그 근원으로부터 끌어내어,
혹시 그것을 잡아챌 수 있다면,
어디 한번 너의 길로 미혹해 보아라.
아무리 어두운 충동 속에 휩싸여 있어도 착한 사람은

올바른 길을 잘 알고 있다는 사실을 네가 깨닫게 될 때
너는 내 앞에서 맥을 못 출 것이다. (324-329)

Zieh diesen Geist von seinem Urquell ab,
Und führ' ihn, kannst du ihn erfassen,
Auf deinem Wege mit herab,
Und steh beschämt, wenn du bekennen mußt:
Ein guter Mensch in seinem dunklen Drange
Ist sich des rechten Weges wohl bewußt.

인간의 지혜, 이성, 인식력과 통찰력에는 한계가 있어서 보다 높은 것을 지향해 노력하고 성취해 내는 과정은 헤매는 과정이다. 선한 사람은 비록 어떤 시기에 좌절의 늪에 빠져 허우적거릴지라도 마침내 자신의 인생길을 올바르게 걸어갈 수 있다.

주님은 악마의 긍정적 역할을 주문한다.

인간의 활동은 너무 쉽게 나태해져,
한없이 놀기를 바라니,
악마인 네가 인간에게 자극을 주고
정신 반짝 들게 해주는 동반자가 되어라. (340-343)

Des Menschen Tätigkeit kann allzuleicht erschlaffen,

Er liebt sich bald die unbedingte Ruh;
Drum geb' ich gern ihm den Gesellen zu,
Der reizt und wirkt und muß als Teufel schaffen.

어떤 사람이든 일단 정해 놓은 목표를 달성하면 현실에 안주해 나태해지기 쉬운데, 이것을 극복해주는 자극제가 필요한 것이다.

주님은 대천사를 향해 우주 전체의 아름다움에 대해서 긍정적인 설명을 해주고 끊임없는 사상으로 우주를 파악하여 현상계의 조화를 확고하게 유지하라고 촉구한다.

그대들 진정한 신들의 아들들아,
활기차고 풍성한 아름다움을 누려라!
영원히 살아 움직이는 생성의 힘이
사랑의 부드러운 울타리로 그대들을 에워싸고 있으니,
불확실한 현상 속에서 맴돌고 있는 것을
끊임없는 상념들로 붙잡아 매어라. (344-349)

Das Werdende, das ewig wirkt und lebt,
Umfass' euch mit der Liebe holden Schranken,
Und was in schwankender Erscheinung schwebt,
Befestiget mit dauernden Gedanken.

Ⅱ. 비극 제1부

비극 제1부는 학자 비극('밤' 장면에서 '마녀의 부엌' 장면까지)과 그레트헨 비극('거리' 장면에서 '감옥' 장면까지)으로 구성되어 있다.

1. 밤

파우스트는 중세로부터 19세기 말엽까지 모든 학문분야를 총망라하고 있었던 네 가지 전문영역인 철학, 법학, 의학 그리고 신학을 모두 연구했으나 이 세계를 그 심오한 내면에서 결합시켜주고 있는 것이 무엇인지, 우주와 자연의 생성원리는 무엇인지를 도무지 알 수 없고, 결국 아무것도 알 수 없다는 결론에 이르게 되어 그의 가슴은 타버릴 것만 같다. 파우스트 박사의 거인적 충동과 인식욕망 및 그 한계, 지금까지 학문에 억눌려 살아온 분통, 학문에 온갖 정열을 쏟은 결과에 대한 한탄과 절망적인 심리상태가 격정적인 크니텔 시형으로 생생하게 표출되고 있다.

다시 말하면 아무 소용도 없는 학문에 바친 열정과 그 기대에 대한 환멸, 분개, 그리고 학문체계에 대한 경멸감 등을 확연히 드러내 주고 있다.

356행에서 우리는 근본주의적이고 기독교적인 교리에 대한 주인공 파우스트의 부정적인 태도를, 그리고 신앙이 없는 깊은 회의에 빠진 새로운 시대의 상실된 자아가 무대에 오르고 있음을 미리서 간파할 수 있는 것이다. 이 크니텔 시형의 독백은 그밖에도 자기 아이러니적 진술, 학자성의 부정, 범신론, 언어의 파라독스한 구조, 독일의 르네쌍스, 중부유럽의 후기 중세의 휴머니즘을 상기시킨다.

파우스트

아! 나는 철학도
법학도, 의학도,
헛되이 신학까지도
지극 정성으로 탐구했다.
하지만 난 예전보다 더 나아진 것이 없어
비참한 바보 신세다.
석사, 박사라고 말하면서
이미 십 년 동안
내 제자들의 코를 위로 아래로
이리저리 끌고 다녔을 뿐이다.
난 이제 아무것도 알 수 없다는 걸 깨달으니
내 가슴은 정말 타버릴 것만 같다. (354-365)

FAUST. Habe nun, ach! Philosophie,

Juristerei und Medizin,
Und leider auch Theologie
Durchaus studiert, mit heißem Bemühn.
Da steh' ich nun, ich armer Tor,
Und bin so klug als wie zuvor!
Heiße Magister, heiße Doktor gar,
Und ziehe schon an die zehen Jahr'
Herauf, herab und quer und krumm
Meine Schüler an der Nase herum—
Und sehe, daß wir nichts wissen können!
Das will mir schier das Herz verbrennen.

이 세계를 가장 깊은 밑바닥에서 받쳐
결속시켜 주는 것이 무엇인가를 인식하고,
모든 활동력과 근원을 직관할 수 있다면
더 이상 무슨 말이 필요하겠는가. (382-385)

Daß ich erkenne, was die Welt
In Innersten zusammenhält,
Schau' alle Wirkenskraft und Samen,
Und tu' nicht mehr in Worten kramen.

그 다음에는 지식의 미궁으로부터 벗어나 자연의 향유를 통한 소생에 대한 동경(386-397), 자연과 결별된 우울한 학자적 삶의 인식(398-417), 대우주로의 탈출에 대한 갈망(418-429)이 표현되고 있다.

오, 충만한 달빛이여,
내 고통을 끝내다오.
한밤중에도 잠 안자고
책상 가에서 널 기다렸다.
우수에 젖은 친구여,
너는 내 책들과 서류 위에서 빛났지!
아! 은은한 네 빛을 안고
높은 산 위를 걷고 싶어라.
산 속 동굴 주변에서 정령들과 함께 놀고,
동트는 너의 빛을 안고 풀밭위에서 뒹굴고 싶다.
몽롱한 모든 지식에서 벗어나
네 이슬에 흠뻑 젖어 홀가분해지고 싶다. (386-397)

O sähst du, voller Mondenschein,
Zum letztenmal auf meine Pein,
Den ich so manche Mitternacht
An diesem Pult herangewacht:
Dann über Büchern und Papier,
Trübsel'ger Freund, erschienst du mir!

Ach! könnt' ich doch auf Bergeshöhn
In deinem lieben Lichte gehn,
Um Bergeshöhle mit Geistern schweben,
Auf Wiesen in deinem Dämmer weben,
Von allem Wissensqualm entladen,
In deinem Tau gesund mich baden!

처량하다! 아직도 난 감옥 같이 저주스런
답답한 골방에 갇혀있고,
은은한 하늘의 빛까지도
컬러 유리창을 통해 흐릿하게 비친다!
방안 가득히 차있는 벌레와 먼지 범벅인
이 책들은 높고 둥근 천장까지 쌓여있다.
이것이 너의 세계다! 이런 것도 세계인가! (398-409)

Weh! steck' ich in dem Kerker noch?
Verfluchtes dumpfes Mauerloch,
Wo selbst das liebe Himmelslicht
Trüb durch gemalte Scheiben bricht!
Beschränket von diesem Bücherhauf,
Den Würme nagen, Staub bedeckt,
Den, bis ans hohe Gewölb' hinauf,
Ein angeraucht Papier umsteckt;

Das ist deine Welt! das heißt eine Welt!

왜 네 마음이 불안할까?
왜 말할 수 없는 아픔이
너의 모든 살아있는 의욕을
꺾어 버릴까?
신은 인간을 창조해 살아 숨 쉬는 자연 속에
불어 넣어 주었는데
넌 연기와 곰팡이 속에서
짐승의 해골과 죽은 사람의 뼈다귀에
둘러싸여 있다. (410-417)

Und fragst du noch, warum dein Herz
Sich bang in deinem Busen klemmt?
Warum ein unerklärter Schmerz
Dir alle Lebensregung hemmt?
Statt der lebendigen Natur,
Da Gott die Menschen schuf hinein,
Umgibt in Rauch und Moder nur
Dich Tiergeripp' und Totenbein.

일어나 달려가자! 저 바깥 넓은 세상으로!
노스트라다무스의 이 비밀스런 책을 들고 가면 된다.

그러면 별들의 움직임을 파악할 수 있고
자연의 계시로 네 정신력이 살아나
정령들의 속삭임 알게 된다.
말라붙은 오감으로 이 성스런 비유를
설명할 수 없다.
내 곁을 떠도는 정령들아,
내 말을 들었으면 대답해다오! (418-429)

Flieh! auf! hinaus ins weite Land!
Und dies geheimnisvolle Buch,
Von Nostradamus' eigner Hand,
Ist dir es nicht Geleit genug?
Erkennest dann der Sterne Lauf,
Und wenn Natur dich unterweist,
Dann geht die Seelenkraft dir auf,
Wie spricht ein Geist zum andern Geist.
Umsonst, daß trocknes Sinnen hier
Die heil'gen Zeichen dir erklärt:
Ihr schwebt, ihr Geister, neben mir;
Antwortet mir, wenn ihr mich hört!

418행의 '저 넓은 바깥세상으로 달려가라'는 대사에서 우리는 오늘날 글로벌 시대를 상기해 볼 필요가 있다. 다양한 지구촌 문화와 예술, 자연 풍경들을 직접 오감으로 교감하고 체험해 '작은 나'에서 '큰 나'로 자기계발을 하면 어떨까?

430-459행의 독백에서는 범지학에 대한 기대와 환멸, 대우주의 상호작용과 혼연일체라는 포괄적인 주제가 서술된다.

아! 이것을 바라보니 갑자기 희열이
내 오감을 타고 흘러내린다!
싱그럽고 고결한 삶의 행복이 내 신경과 혈관 속에
새롭게 차오른다.
이 부적은 신이 썼을까?
이것은 미친 내 마음을 달래주고,
가련한 마음에 기쁨을 가득 주고,
은밀한 충동으로 자연의 힘을
여실히 보여준다.
내가 이렇게 밝아지니
혹시 내가 신이 아닐까?
순수한 글씨체를 들여다보니
내 영혼 앞엔 활동하는 자연이 펼쳐진다.
이제야 비로소 옛 현인의 말뜻을 알겠다.
"정령들의 세계는 닫혀있지 않는데
네 오감이 굳어있고 네 마음이 죽었다!
청춘들아, 일어나라, 세파에 찌든 가슴을

아침햇살로 살아나게 해라!" (430-448)

Ha! welche Wonne fließt in diesem Blick
Auf einmal mir durch alle meine Sinnen!
Ich fühle junges, heil'ges Lebensglück
Neuglühend mir durch Nerv' und Adern rinnen.
War es ein Gott, der diese Zeichen schrieb,
Die mir das innre Toben stillen,
Das arme Herz mit Freude füllen
Und mit geheimnisvollem Trieb
Die Kräfte der Natur rings um mich her enthüllen?
Bin ich ein Gott? Mir wird so licht!
Ich schau' in diesen reinen Zügen
Die wirkende Natur vor meiner Seele liegen.
Jetzt erst erkenn' ich, was der Weise spricht:
„Die Geisterwelt ist nicht verschlossen;
Dein Sinn ist zu, dein Herz ist tot!
Auf, bade, Schüler, unverdrossen
Die ird'sche Brust im Morgenrot!"

모든 하나하나가 모여 전체를 이루고,
하나가 또 다른 하나 속에서 활동하며 살고 있다. (447-448)

Wie alles sich zum Ganzen webt,
Eins in dem andern wirkt und lebt!

파우스트는 부적을 본 후 젊고 성스런 삶의 행복감이 새롭게 타오르며 그의 신경과 혈관 속으로 흘러내리는 것을 느낀다(430-433). 그는 또한 활동하는 자연이 그의 영혼 앞에 놓여 있음을 목격한다(411). 하늘에서 땅에 이르기까지 만물이 조화를 이루고 화음이 울려 퍼지고 있다(452-453).

그러나 그러한 광경은 파우스트에게는 너무나 웅장한 것이어서 그것을 붙잡을 수 없다. 오로지 장관에 지나지 않을 따름이다. 단순한 직관과 이론만으로는 무한한 자연을 파악할 수 없다. 그래서 파우스트의 가슴 벅찬 환희는 이제 절망과 불안으로 변하는 것이다. 따라서 454-459행은 음조가 아주 강하며, 강렬한 절규의 인상을 불러일으킨다.

이제 파우스트는 자신의 힘이 기껏해야 지상계 밖에 미칠 수 없음을 깨닫고, 못마땅한 듯 책장을 넘겨 지령의 부적을 들여다본다. 460-467행에서 지령의 부적이 파우스트에게 미치는 작용은 대우주의 부적과는 아주 다르다. 지령이 그에게 훨씬 가깝다고 실토하며, 그의 힘이 새롭게 치솟고 있음을 그는 느낀다. 감히 이 세상에 뛰어들어 지상의 고통도, 지상의 행복도 받아들이고, 폭풍우와도 힘껏 싸우며 파선 직전에도 두려워하지 않는 용기를 그는 느낀다.

아니 벌써 난 힘이 팍팍 솟아나고,
아니 벌써 난 새로 마신 술로 타오른다.
난 용기가 치솟는다.
세상살이를 겁내지 않고,
이 세상의 불행과 행복도 감내하고,
휘몰아치는 폭풍에도, 침몰선에서도
의연할 수 있는 용기를 느낀다. (462-467)

Schon fühl' ich meine Kräfte höher,
Schon glüh' ich wie von neuem Wein,
Ich fühle Mut, mich in die Welt zu wagen,
Der Erde Weh, der Erde Glück zu tragen,
Mit Stürmen mich herumzuschlagen
Und in des Schiffbruchs Knirschen nicht zu zagen.

지령을 불러내려는 파우스트의 끈질긴 집념, 소름끼치는 심리적 불안감, 파우스트의 심장이 갈기갈기 찢어져 나가는 것 같고, 오관이 들쑤시고 새로운 느낌이 치솟는 상황이 자유리듬으로 서술된다. 자기의 생명까지도 내걸고 혼신의 힘을 다해 지령을 불러내려는 파우스트의 집중된 의지가 박진감 넘치게 묘사되고 있다.

다음으로 웅대한 지령의 활동과 그 결과를 나타내고 있는 시행(501-509)이 눈길을 끈다. 지령은 자신을 생명의 물결 속에서 행위의 폭풍우속에서 작용하며 변전하는 자연의 활동에 비유하여 서술한다.

영원한 대양의 밀물과 썰물, 생성과 사멸이라는 상반적 이미지가 강약격과 약강격의 상반된 리듬 속에 담겨 있다.

다음으로 510-517행에서 파우스트는 그가 지령과 닮았다고 느끼나 그것은 그의 인식능력의 한계에서 나온 착각이었다. 그래서 지령은 "너는 네가 생각하는 영과 닮았지 / 나와 닮은 것은 아니다"(512-513)라고 말하면서 사라진다.

522-605행에서는 바로크와 계몽주의의 합리주의적 수사학을 통해 세계에 통달하고, 입신출세하려는 바그너와 질풍노도적 내면성의 대변자인 파우스트가 대비되어 있다. 바그너는 전형적인 계몽주의자이며, 파우스트는 학문과 지식에 환멸과 절망을 느낀 인물이다. 파우스트는 바그너에게 신의 한 수를 이렇게 가르쳐 준다.

절실하게 느끼지 못하면 성공할 수 없고,
재미있고 영혼이 있는 연설이어야
청중들의 마음을 사로잡을 수 있다.
진심으로 한 말이 아니면

결코 감동을 줄 수 없다. (534-545)

FAUST. Wenn ihr's nicht fühlt, ihr werdet's nicht erjagen,
Wenn es nicht aus der Seele dringt
Und mit unkräftigem Behagen
Die Herzen aller Hörer zwingt.
Doch werdet ihr nie Herz zu Herzen schaffen,
Wenn es euch nicht von Herzen geht.

성실한 태도는 성공의 지름길이다.
허풍떠는 허세가 되지 말라.
이치에 맞고 마음이 올곧으면
말재주가 없어도 된다.
하는 말이 진실하면,
억지로 꾸며낼 필요가 없다. (548-557)

FAUST. Such' Er den redlichen Gewinn!
Sei Er kein schellenlauter Tor!
Es trägt Verstand und rechter Sinn
Mit wenig Kunst sich selber vor;
Und wenn's euch Ernst ist, was zu sagen,
Ist's nötig, Worten nachzujagen?

다음으로 파우스트의 긴 모노로그를 살펴본다. 숨 가쁘게 세상을 살아가다 보면 마음과 정신이 속물로 변질되기 쉬운데 우리는 이것을 경계해야 할 것이다.

빛나는 정신에도 시간이 가면
이물질이 생기는 법이다.
우리가 이 세상의 좋은 것을 달성해도
더 좋은 것이 나타나
그것을 기만과 망상으로 치부해버린다.
우리에게 생명을 넣어준 찬란한 감정들도
세속적인 혼란으로 굳어버리고 만다. (634-639)

Dem Herrlichsten, was auch der Geist empfangen,
Drängt immer fremd und fremder Stoff sich an;
Wenn wir zum Guten dieser Welt gelangen,
Dann heißt das Beßre Trug und Wahn.
Die uns das Leben gaben, herrliche Gefühle,
Erstarren in dem irdischen Gewühle.

세상을 살다보면 일어나지 않을 일들에 대해서 근심 걱정이 끊이지 않을 때가 많다.

마음 속 깊이 걱정이 많으면

은밀한 괴로움이 생겨나
불안하게 흔들어대 의욕과 안정을 망친다.
걱정은 항상 새로운 모습으로 나타난다.
우리는 사소한 일에 쩔쩔매고
잃지 않을 텐데도 항상 눈물 흘린다. (644-651)

Die Sorge nistet gleich im tiefen Herzen,
Dort wirket sie geheime Schmerzen,
Unruhig wiegt sie sich und störet Lust und Ruh;
Sie deckt sich stets mit neuen Masken zu,
Du bebst vor allem, was nicht trifft,
Und was du nie verlierst, das mußt du stets beweinen.

오늘날 사람들은 금 수저를 물고 태어났으면 하는 바램들이 많다. 자기가 피땀 흘려 마련하지 않은 재산은 무거운 짐이 될 수도 있다.

부모로부터 상속받은 것은
소유하기 위해 거저 얻은 것이고,
의미 있게 쓰지 않는 재산은 무거운 짐과 같다.
필요한 순간에만 재산은 가치 있다. (682-685)

Was du ererbt von deinen Vätern hast,

Erwirb es, um es zu besitzen.
Was man nicht nützt, ist eine schwere Last,
Nur was der Augenblick erschafft, das kann er nützen.

인생을 살아갈 때 매 순간 마다 그 사람의 결단력과 행동에 따라서 삶의 모습이 달라진다.

누구나 피해가고 싶은
저 문을 과감히 열어 젖혀라.
지금은 행동으로 보여줄 때이다.
인간의 품위는 신들의 존엄 앞에서도 물러섬을 모른다.
환상적 고통으로 자신을 저주하는 어두운 동굴 앞에서도
기죽지 않는다. 지옥의 불길 타오르는
좁은 통로로 과감히 들어가라.
설령 사라져버릴 위험성이 있다 해도
명랑하게 발걸음을 내딛자. (710-719)

Vermesse dich, die Pforten aufzureißen,
Vor denen jeder gern vorüberschleicht.
Hier ist es Zeit, durch Taten zu beweisen,
Daß Manneswürde nicht der Götterhöhe weicht,
Vor jener dunkeln Höhle nicht zu beben,
In der sich Phantasie zu eigner Qual verdammt,

Nach jenem Durchgang hinzustreben,
Um dessen engen Mund die ganze Hölle flammt;
Zu diesem Schritt sich heiter zu entschlißen,
Und wär' es mit Gefahr, ins Nichts dahinzufließen.

606-736행의 긴 독백의 주제는 파우스트의 자살에 대한 결심이다. 그는 이제 자기 자신이 신들과 닮지 않았다는 사실을 통감한다(652). 그는 자신이 쓰레기나 구더기와 같다고 느끼며(653), 죽음의 문을 과감히 열어젖히려는 것이다(710). 파우스트는 드디어 자살을 기도한다.

파우스트가 독배를 입에 갖다 대는 순간에 부활절을 알리는 종소리와 합창소리가 어린 시절의 추억을 상기시켜 독배를 입에서 떼어 낸다. 이 노래는 10세기경부터 카톨릭 성도들 사이에서 불렸고 루터에 의해서 개작된 것을 괴테가 새롭게 쓴 것이다. 신도들이 교회당의 주위를 돌면서 노래했었는데, 여기서는 드라마의 구성에 걸맞게 천사들의 합창, 여인들의 합창, 제자들의 합창으로 구분되어 있다.

여기서 천사들의 합창은 파우스트에게 총체적인 인식의 변화를 가져오게 하는 직접적인 계기가 되는 것이다.

다음으로 합창시행 사이에 삽입되어 있는 파우스트의 독백(762-784)은 어린 시절의 추억이 그를 자살로부터 구해 주었다는 주제를 다루고 있다.

저 깊고도 밝은 합창소리가
내 입에서 술잔을 잽싸게 떼어내게 한다.
부활절 축제 시간을 알려주는
종소리가 은은하게 울려 퍼진다.
옛날 어두운 밤 무덤가에서
천사들이 새로운 유대의 확신을
노래했던, 바로 그 위안의 노래를 합창대는 부른다.
젊은 시절부터 익히 들어왔던 저 노래 소리가
나를 다시 살아나게 한다.
옛날 경건하고 고요한 안식일에
천상적 사랑의 입김이 내게 쏟아졌다.
좋은 예감이 가득한 종소리는 울려 퍼졌고,
내 기도는 뜨겁고 기뻤다.
황홀한 그리움에 끌려 난 숲과 풀밭으로 달려갔고,
뜨거운 눈물 쏟아내니 세상이 새롭게 보였다.
저 합창 소리는 내게 부활절의 기쁨을 전해주었다.
어린 시절의 추억이 마지막 무거운 발길을 돌리게 한다.
오, 계속 울려 퍼져라, 달콤한 천상의 노래여!
눈물이 콸콸 쏟아진다. 이 세상이 나를 다시 찾게 되었다. (742-784)

FAUST. Welch tiefes Summen, welch ein heller Ton
Ziegt mir Gewalt das Glas von meinem Munde?
Verkündiget ihr dumpfen Glocken schon

Des Osterfestes erste Feierstunde?
Ihr Chöre, singt ihr schon den tröstlichen Gesang,
Der einst, um Grabes Nacht, von Engelslippen klang,
Gewißheit einem neuen Bunde?
Und doch, an diesen Klang von jugend auf gewöhnt,
Ruft er auch jetzt zurück mich in das Leben.
Sonst stürzte sich der Himmelscliebe Kuß
Auf mich herab, in ernster Sabbatstille;
Da klang so ahnungsvoll der Glockentones Fülle,
Und ein Gebet war brünstiger Genuß;
Ein unbegreiflich holdes Sehnen
Trieb mich, durch Wald und wiesen hinzugehn,
Und unter tausend heißen Tränen
Fühlt' ich mir eine Welt entstehn.
Dies Lied verkündete der Jugend muntre Spiele,
Der Frühlingsfeier freies Glück;
Erinnrung hält mich nun mit kindlichem Gefühle
Vom letzten, ernsten Schritt zurück.
O tönet fort, ihr süßen Himmelslieder!
Die Träne quillt, die Erde hat mich wider!

『파우스트』 제1부에서는 각 장면들이 제한과 확대의 교대작용을 한다. '밤' 장면에서 세 차례에 걸친 파우스트의 자기극복의 시도와 좌절은 정신의 수축운동이다. 파우스트의 긴 모노로그는 정신적인 진통과정이며, 이 진통과정의 정점을 찍는 것이 자살시도이다. 부활절 성가대의 합창소리는 파우스트에게 어린 시절의 추억을 상기시켜 자살시도를 단념한다. 파우스트는 새로운 내면적, 의식적 변화를 체험하여 자신을 또다시 확대하는 상승과정을 우리에게 보여준다.

이것은 괴테의 근본사상의 하나인 양극성 및 승화와 밀접한 연관성이 있는 것이다.

"양극성은 우리가 그것을 물질적인 것으로 생각하는 한 물질에 속하며, 승화는 우리가 그것을 정신적인 것으로 생각하는 한 정신에 속한다. 양극성은 끊임없는 끌어당김과 밀어냄 가운데에 존재하며, 승화는 끊임없이 지향하는 상승가운데에 존재한다. 그런데 정신이 없이는 물질이, 물질이 없이는 정신이 결코 실존할 수도, 작용할 수도 없으므로, 정신이 자신을 끌어당겼다 밀어냈다 하는 대로 물질조차도 자신을 승화시킬 수 있는 것이다."[2)]

"자연을 정확하게 관찰하는 사람들은 그들이 설사 서로 다르게 생각할지라도, 나타나는 모든 것, 하나의 현상으로서 우리와 만나게 마련인 모든 것은 통합이 가능한 시원적 분열을 암시해야 하든가 아니면 분열이 가능한 시원적 통합을 암시해야 하고

---

2) HA. Bd. 13, 48쪽.

그런 방식으로 자신을 드러내 보여야 한다는 사실에 의견이 일치할 것이다. 통합된 것을 분열시키고, 분열된 것을 통합시키는 것이 자연의 삶이다.

이것은 우리가 살고, 활동하며 존재하고 있는 세계의 영원한 심장수축과 심장이완이자 영원한 통합과 분리이며 호흡인 것이다."[3]

심장수축과 심장이완의 바이오리듬을 괴테는 이 작품의 집필과 구성에 적용하고 있다.

2. 성문 앞에서

'성문 앞에서' 장면과 '서재 1' 장면은 심장이완과 자기 확대의 상승과정을 부각시킨다. 앞 장면의 비좁은 고딕식 방으로부터 벗어나 부활절 축제를 즐기는 넓은 풍경이 펼쳐진다. 이제 파우스트는 여러 계층의 일반 사람들 틈에 끼어 북적거리는 삶을 향유한다.

순박한 농부들이 울긋불긋한 옷차림으로 손에 손잡고, 빙빙 돌면서 신명나게 축제를 즐기는 광경을 실감나게 그리고 있다. 순박한 사람들의 윤무와 즐거움에 인간의 진정한 천국이 있음을 일

3) HA. Bd. 13, 488쪽.

깨워 주려는 작가의 의도가 분명하다.

파우스트는 마을 언덕에 올라가 산책하면서 이렇게 외친다.

생기발랄한 봄이 오니 얼어붙었던
강물과 시냇물이 녹아 흐른다.
골짜기엔 희망찬 행복이 초록으로 빛나고
기나긴 겨울은 맥없이 거친 산 속으로 돌아갔다.
겨울이 지나가면서 가벼운 싸락눈을 뿌려
초록들판에 수를 놓는다.
햇볕은 흰색을 싫어한다. 여기저기서 형성과 정진이
활기를 띠고, 봄 햇살로 만물이 소생한다.
여기엔 꽃들은 없지만 분장한 사람들이 모여든다.
이 높은 언덕에서 마을을 내려다보면
어둡고 텅 빈 성문에서 인파가 몰려온다.
오늘은 모두들 햇볕을 쬐고 싶은 거야.
사람들은 새로 태어난 기분이어서 예수의 부활을 축하한다.
초라한 집구석으로부터,
답답한 박공과 지붕으로부터,
비좁은 골목길로부터,
교회의 경건한 밤으로부터
그들은 모두 밝음을 찾아 나왔다.
보아라! 공원과 들판을 가로질러 붐비는 인파를,
강위에 떠다니는 신나는 나룻배들을,

마지막 조각배가 사람들을 가득 실어
가라앉듯이 멀어져간다.
산속 오솔길에도 형형색색 치장한 사람들이 보인다.
마을로부터 들려오는 환호성,
이런 곳이야말로 사람들의 진정한 천국이다.
이런 곳에서 비로소 나는 사람다운 사람이 된다. (903-940)

FAUST. Vom Eise befreit sind Strom und Bäche
Durch des Frühlings holden, belebenden Blick;
Im Tale grünet Hoffnungsglück;
Der alte Winer, in seiner Schwäche,
Zog sich in rauhe Berge zurück.
Von dorther sendet er, fliehend, nur
Ohnmächtige Schauer körnigen Eises
In Streifen über die grünende Flur;
Aber die Sonne duldet kein Weißes:
Überall regt sich Bildung und Streben,
Alles will sie mit Farben beleben;
Doch an Blumen fehlt's im Revier,
Sie nimmt geputzte Menschen dafür.
Kehre dich um, von diesen Höhen
Nach der Stadt zurückzusehen.
Aus dem hohlen finstern Tor

Dringt ein buntes Gewimmel hervor.
Jeder sonnt sich heute so gern.
Sie feiern die Auferstehung des Herrn,
Denn sie sind selber auferstanden,
Aus niedriger Häuser dumpfen Gemächern,
Aus Handwerks- und Gewerbesbanden,
Aus dem Druck von Giebeln und Dächern,
Aus der Straßen quetschender Enge,
Aus der Kirchen ehrwürdiger Nacht.
Sind sie alle ans Licht gebracht.
Sieh nur, sieh! wie behend sich die Menge
Durch die Gärten und Felder zerschlägt,
Wie der Fluß, in Breit' und Länge,
So machen lustigen Nachen bewegt,
Und bis zum Sinken überladen
Entfernt sich dieser letzte Kahn.
Selbst von des Berges fernen Pfaden
Blinken uns farbige Kleider an.
Ich höre schon des Dorfs Getümmel,
Hier ist des Volkes wahrer Himmel,
Zufrieden jauchzet groß und klein.
Hier bin ich Mensch, hier darf ich's sein!

괴테는 마태복음 26장 41절 '마음에는 원이지만 육신이 약하다'를 다음과 같이 바꿔서 표현한다. 하늘높이 비상하는 자유를 예찬하고 있는데, 현대인들에게 자유란 무엇일까?

아! 정신의 날개는 이처럼 가뿐한데
육체의 날개가 말을 듣지 않는다.
종달새 울음소리 창공에 울려 퍼질 때,
하늘 높이 우뚝 솟은 전나무위로
독수리가 날개를 활짝 펴고 떠돌 때,
들판과 호수 위로 두루미가 둥지를 찾아 날을 때,
사람들도 하늘 높이 날아오르고 싶은 것이다. (1090-1099)

Ach! zu des Geistes Flügeln wird so leicht
Kein körperlicher Flügel sich gesellen.
Doch ist es jedem eingeboren,
Daß sein Gefühl hinauf und vorwärts dringt,
Wenn über uns, im blauen Raum verloren,
Ihr schmetternd Lied die Lerche singt;
Wenn über schroffen Fichtenhöhen
Der Adler ausgebreitet schwebt,
Und über Flächen, über Seen
Der Kranich nach der Heimat strebt.

다음 대사는 인간에 내재된 세상적인 욕망과 천상적인 상념에 관한 것이다.

아! 내 가슴엔 두 영혼이 살고 있다.
하나가 다른 하나로부터 분리되려고 한다.
하나는 더러운 사랑욕망에 빠져 향락을 즐기고,
다른 하나는 세속의 먼지를 떠나
고상한 선철들의 세계를 지향한다.
오, 하늘과 땅을 주재하며 공중에서
떠도는 정령들이 있다면, 금빛 아지랑이에서 내려와
나를 새롭고 눈부신 삶으로 인도해다오! (1112-1121)

Zwei Seelen wohnen, ach! in meiner Brust,
Die eine will sich von der andern trennen;
Die eine hält, in derber Liebeslust,
Sich an die Welt mit klammernden Organen;
Die andre hebt gewaltsam sich vom Dust
Zu den Gefilden hoher Ahnen.
O gibt es Geister in der Luft,
Die zwischen Erd' und Himmel herrschend weben,
So steiget nieder aus dem goldnen Duft
Und führt mich weg, zu neuem, buntem Leben!

3. 서재 1

파우스트가 지쳐 있었는데 들판과 풀밭을 거닐고 나서 심신이 힐링되어 안정을 되찾는다(1178-1185). 파우스트는 이제 삶의 원천을 동경한다(1194-1201).

사람들은 자신의 무식함을 드러내길 꺼려하고 불편한 일이 생기면 짜증을 잘 내는데, 때로는 자신의 무식함을 힘차게 폭로해 마음이 후련해질 필요가 있다.

사람들은 자기가
이해 못하는 것을 비웃고,
불편한 일이 생기면
착하고 아름다운 것 앞에서도 투덜댄다. (1205-1208)

Wir sind gewohnt, daß die Menschen verhöhnen,
Was sie nicht verstehn,
Daß sie vor dem Guten und Schönen,
Das ihnen oft beschwerlich ist, murren;

파우스트는 정신적 갈증을 많이 느끼고 현실에 만족하지 못해 결핍된 것을 충당하기 위해 신약성서를 독일어로 번역하기 시작한다(1210-1223).

파우스트는 '로고스'를 다음과 같이 4개의 단어로 압축한다.

“태초에 말씀이 있었다!
태초에 뜻이 있었다!
태초에 힘이 있었다!
태초에 행위가 있었다!”

“Im Anfang war das Wort!
Im Anfang war der Sinn.
Im Anfang war die Kraft!
Im Anfang war die Tat!”

괴테는 이 4가지 단어들을 포괄하는 것이 로고스라고 생각했고, 무엇보다 행위를 강조하는 것은 파우스트의 구원과 밀접성이 있다.

메피스토펠레스는 자신의 정체성을 역설, 합리성, 허무주의로 이렇게 밝힌다.

나는 항상 악을 바라지만
항상 선을 창조해내는 힘의 일부이다.
난 항상 부정하는 정신이다.
생겨나는 모든 것은 파멸하기 마련이다.
차라리 생성되는 것이 하나도 없는 것이 더 좋다.
죄, 파괴, 악이야말로 나의 본성이다. (1335-1344)

MEPHISTOPHELES.

Ein Teil von jener Kraft,
Die stets das Böse will und stets das Gute schafft.
Ich bin der Geist, der stets verneint!
Und das mit Recht; denn alles, was entsteht,
Ist wert, daß es zugrunde geht;
Drum besser wär's, daß nichts entstünde.
So ist denn alles, was ihr Sünde,
Zerstörung, kurz das Böse nennt,
Mein eigentliches Element.

메피스토는 파우스트에게 한 시간 내에 관능적 쾌락과 황홀경을 맛 볼 것이라고 장담한다(1436-1444).

4. 서재 2

파우스트는 이 세상의 삶에 비관적이다.

무슨 옷을 걸쳐도 난 답답한
세상살이로 괴로워할 것이다.
난 놀기엔 너무 늙었고, 소망 없이 존재하기엔 너무 젊다.
세상이 내게 줄 수 있는 것은 무엇인가?

부족해도 견디고 살아라!
이것이 영원한 노래이다.
하루에 단 한 가지 계획도 실행하지 못해
정말 울고 싶어라.
내 가슴속에서 꿈틀거리는 창조력은
잡다한 세상사로 위축된다.
내 현존재가 무거운 짐이요,
인생이 지겨워 어서 죽었으면 한다. (1544-1571)

FAUST. In jedem Kleide werd' ich wohl die Pein
Des engen Erdelebens fühlen.
Ich bin zu alt, um nur zu spielen,
Zu jung, um ohne Wunsch zu sein.
Was kann die Welt mir wohl gewähren?
Entbehren sollst du! sollst entbehren!
Das ist der ewige Gesang,
Ich möchte bittre Tränen weinen,
Den Tag zu sehn, der mir in seinem Lauf
Nicht Einen Wunsch erfüllen wird, nicht Einen,
Die Schöpfung meiner regen Brust
Mit tausend Lebensfratzen hindert.
Und so ist mir das Dasein eine Last,
Der Tod erwünscht, das Leben mir verhaßt.

드디어 파우스트는 모든 것들을 저주한다.

꿈속에서 우리를 속이는
명성이니 하는 따위를 난 저주한다.
황금의 신 마몬을 저주한다,
재산이 많으면 거만해질 수 있고,
안락한 쾌락을 즐기려기 때문이다.
저주한다, 향긋한 포도 맛을!
저주한다, 저 높은 사랑의 은혜를!
저주한다, 희망과 믿음을!
저주한다, 무엇보다도 참아 내는 것을! (1595-1606)

Verflucht, was uns in Träumen heuchelt,
Des Ruhms, der Namensdauer Trug!
Verflucht, was als Besitz uns schmeichelt,
Verflucht sei Mammon, wenn mit Schätzen
Er uns zu kühnen Taten regt,
Wenn er zu müßigem Ergetzen
Die Polster uns zurechtelegt!
Fluch sei dem Balsamsaft der Trauben!
Fluch jener höchsten Liebeshuld!
Fluch sei der Hoffnung! Fluch dem Glauben,
Und Fluch vor allen der Geduld!

파우스트는 그의 영혼을 놓고 메피스토와 내기를 한다.

내가 침대에 누워 나태해지면
곧바로 난 끝장이다.
너의 달콤한 말에 속아
자기만족과 향락에 빠진다면
그땐 내 인생의 마지막 날이다.
어서 내기를 하자!
내가 어느 순간에
멈추어라! 넌 정말 아름답구나! 라고 외치면,
그땐 네가 날 꽁꽁 묶어도 된다.
그땐 난 기꺼이 파멸하겠다.
그땐 죽음의 종소리가 울려도 된다.
그땐 넌 나를 섬기지 않아도 된다.
시계가 멎고, 시계바늘도 떨어지고,
내 인생은 끝나게 된다! (1692-1706)

Werd' ich beruhigt je mich auf ein Faulbett legen,
So sei es gleich um mich getan!
Kannst du mich schmeichelnd je belügen,
Daß ich mir selbst gefallen mag,
Kannst du mich mit Genuß betrügen,
Das sei für mich der letze Tag!

Die Wette biet' ich!
Werd' ich zum Augenblicke sagen:
Verweile doch! du bist so schön!
Dann magst du mich in Fesseln schlagen,
Dann will ich gern zugrunde gehn!
Dann mag die Totenglocke schallen,
Dann bist du deines Dienstes frei,
Die Uhr mag stehn, der Zeiger fallen,
Es sei die Zeit für mich vorbei!

이제 파우스트는 인류의 행복과 인류의 고통도 모두 다 감수하면서 자신의 자아를 무제한적으로 확대하고자 한다.

지식의 충동에서 벗어나 내 마음은
어떤 아픔도 감내하면서
전 인류에게 주어진 것을
내 내면의 자아로 향유하겠다.
내 정신은 숭고하고 심오한 것을 붙잡고,
행복과 불행을 내 가슴에 간직하면서
내 자신의 자아를 전 인류의 자아로까지
뻗어나가게 하겠다. (1768-1775)

Mein Busen, der vom Wissensdrang geheilt ist,

Soll keinen Schmerzen künftig sich verschließen,
Und was der ganzen Menschheit zugeteilt ist,
Will ich in meinem innern Selbst genießen,
Mit meinem Geist das Höchst' und Tiefste greifen,
Ihr Wohl und Weh auf meinen Busen häufen,
Und so mein eigen Selbst zu ihrem Selbst erweitern.

5. 마녀의 부엌

마녀들의 영약으로 파우스트는 30년이나 젊어진다. 얼마나 좋을까? 사람들은 누구나 영원한 젊음이고 싶어 한다. 이 세상에서 제일 부자는 청춘들이다. 노년에 아무리 돈이 많아도 청춘으로 돌아 갈 수 없다. 돈으로 계산될 수 없는 것이 젊음이다. 이 소중한 시기에 인생설계를 잘해 성공적인 삶을 살아가야 할 것이다.

파우스트는 마술의 거울에 나타난 미녀를 보고 깜짝 놀란다.

그녀를 만나고 싶어 안달이 나 메피스토에게 그녀에게 빨리 데려다 달라고 재촉한다.

파우스트 (그동안 거울 앞에 서서 앞뒤로 왔다 갔다 하면서)
내가 본 것이 뭐지? 천사 같은 모습이
이 마술 거울 속에 나타나다니!
오, 사랑이여, 너의 가장 빠른

날개로 날 그녀 곁으로 데려 가다오!
아! 내가 그녀에게 다가가면
그녀는 안개 속에 있는 듯하다.
정말 아름다운 여인이구나!
저렇게 아름다울 수가 있을까?
그녀의 우아한 육체 속에서 하늘의 진수를 보는 것 같다.
이 세상에 저런 미인이 있을까? (2429-2440)

Was seh' ich? Welch ein himmlisch Bild
Zeigt sich in diesem Zauberspiegel!
O Liebe, leihe mir den schnellsten deiner Flügel,
Und führe mich in ihr Gefild!
Ach! wenn ich nicht auf dieser Stelle bleibe,
Wenn ich es wage, nah zu gehn,
Kann ich sie nur als wie in Nebel sehn! —
Das schönste Bild von einem Weibe!
Ist's möglich, ist das Weib so schön?
Muß ich an diesem hingestreckten Leibe
Den Inbegriff von allen Himmeln sehn?
So etwas findet sich auf Erden?

6. 거리

아, 정말 아름다운 소녀이구나!
저런 아이를 본 적이 없다.
예의 바르고 정숙한데다가
약간 새침하기도 하구나.
빨간 입술, 해맑은 뺨
이 세상에 살고 있는 한, 그녀를 잊지 못하겠다!
두 눈 살며시 내리감는 모습,
내 가슴 깊이 아로새겨지는구나.
살짝 뿌리치는 그 모습,
정말로 날 황홀하게 만드는구나![4] (2609-2618)

FAUST. Beim Himmel, dieses Kind ist schön!
So etwas hab' ich nie gesehn.
Sie ist so sitt-und tugendreich,
Und etwas schnippisch doch zugleich.
Der Lippe Rot, der Wange Licht,
Die Tage der Welt vergess' ich's nicht!
Wie sie die Augen niederschlägt,

---

4) 정서웅 옮김: 파우스트 1. 민음사 1999, 141쪽에서 그대로 인용함. 앞으로 작품 파우스트 1부의 번역문은 이 책에서 인용하고, 필자가 새롭게 번역한 부분들도 있음을 밝혀 둔다.

Hat tief sich in mein Herz geprägt;
Wie sie kurz angebunden war,
Das ist nun zum Entzücken gar!

파우스트

저 귀여운 천사의 소유물 중 아무것이나 가져다주게!
그녀의 안식처로 데려다 주게!
사랑의 즐거움을 누리도록 가져다다오.
그녀 가슴의 목도리, 양말 끈이라도 좋다! (2659-2662)

FAUST. Schaff mir etwas vom Engelsschatz!
Führ mich an ihren Ruheplatz!
Schaff mir ein Halstuch von ihrer Brust,
Ein Strumpfband meiner Liebeslust!

7. 저녁

파우스트

반갑다, 감미로운 저녁놀이여.
이 성스런 방을 두루 비춰주는구나!

희망의 이슬을 마시며 연명하는
너 달콤한 사랑의 아픔이여, 내 마음을 사로잡아다오!
주위에서 숨 쉬는 이 고요함,
이 질서와 만족감!
가난 속에 깃들인 이 충만감!
감옥 같은 골방 속에 깃들인 축복이여! (2687-2694)

FAUST. Willkommen süßer Dämmerschein,
Der du dies Heiligtum durchwebst!
Ergreif mein Herz, du süße Liebespein,
Die du vom Tau der Hoffnung schmachtend lebst!
Wie atmet rings Gefühl der Stille,
Der Ordnung, der Zufriedenheit!
In dieser Armut welche Fülle!
In diesem Kerker welche Seligkeit!

오, 소녀여, 나는 느끼노라,
속 깊고 차분한 네 마음이 내 주위에서 살랑거림을.
그 마음이 널 어머니답게 가르쳐
이리도 깨끗하게 식탁보를 깔게 하고,
바닥엔 고운 모래를 뿌리도록 하였으리라.
오, 사랑스런 손! 천사와 같은 손!
너로 인해 오두막도 천국이 되는구나.

그리고 여기!
날 사로잡는 환희의 전율이여!
종일토록 여기에 머물고 싶구나.
자연이여, 그대는 옅은 꿈에서인 양
타고난 천사를 만들어내었다!
여기에 그 애는 누웠었겠지.
따뜻한 생명 가득한 가슴을 하고.
여기에 성스럽고 순수한 힘이 작용하여
신과 같은 자태를 선사하였으리라![5] (2702-2716)

Ich fühl', o Mädchen, deinen Geist
Der Füll' und Ordung um mich säuseln,
Der mütterlich dich täglich unterweist,
Den Teppich auf dem Tisch dich reinlich breiten heißt,
Sogar den Sand zu deinen Füßen Kräuseln.
O liebe Hand! so göttergleich!
Die Hütte wird durch dich ein Himmelreich.
Und hier! Was faßt mich für ein Wonnegraus!
Hier möcht' ich volle Stunden säumen.
Natur! hier bildetest in leichten Träumen
Den eingebornen Engel aus!

5) 정서웅, 위의 책 146-147쪽에서 인용함.

Hier lag das Kind, mit warmem Leben
Den zarten Busen angefüllt,
Und hier mit heilig reinem Weben
Entwirkte sich das Götterbild!

여기 날 에워싼 것은 마법의 안개인가?
향락의 충동이 몰려 와
사랑의 꿈속으로 녹아들어가는 기분이다!
우리는 온갖 대기의 압력에 희롱당하는 것일까?
이 순간 그녀가 들어오기라도 한다면
나의 무례함을 어떻게 속죄할 것인가! (2721-2726)

Umgibt mich hier ein Zauberduft?
Mich drang's, so grade zu genießen,
Und fühle mich in Liebenstraum zerfließen!
Sind wir ein Spiel von jedem Druck der Luft?
Und träte sie den Augenblick herein,
Wie würdest du für deinen Frevel büßen!

보석이구나! 이것만 가지면 어떤 귀부인도
가장 호화로운 축제일에 나갈 수 있겠지.
이 목걸이가 내게도 어울릴까?
이 멋진 것이 대체 누구의 것이람?

이 귀고리 하나만이라도 내 것이라면!
금방 아주 딴사람으로 보일 텐데.
젊고 예뻐 봤자 무슨 소용이람?
그런 것도 다 좋기는 하지만
사람들은 그저 그게 다라고 생각하겠지.
칭찬은 하면서도 반쯤은 가엾게 여길걸.
모두들 돈을 향해 달려들고
돈에만 매달려 있으니,
아아, 우리 같은 가난뱅이만 불쌍하지! (2792-2804)

Ein Schmuck! Mit dem könnt' eine Edelfrau
Am höchsten Feiertage gehn.
Wie sollte mir die Kette stehn?
Wem mag die Herrlichkeit gehören?
Wenn nur die Ohrring' meine wären!
Man sieht doch gleich ganz anders drein.
Was hilft euch Schönheit, junges Blut?
Das ist wohl alles schön und gut,
Allein man läßt's auch alles sein;
Man lobt euch halb mit Erbarmen.
Nach Golde drängt,
Am Golde hängt
Doch alles. Ach wir Armen!

8. 이웃여인의 집

마르가레테 그래서 전 평생 사랑 같은 건 하고 싶지 않아요.
그를 잃으면 죽을 지경으로 슬퍼질 테니까요.
메피스토펠레스 기쁨에는 슬픔이, 슬픔에는 기쁨이 따르는 법이지요. (2921-2923)

MARGARETE. Ich möchte drum mein' Tag' nicht lieben,
Würde mich Verlust zu Tode betrüben.
MEPHISTOPHELES. Freud' muß Leid, Leid muß Freude haben.

9. 정원

소박한 생활을 하고 모성애를 느끼게 해 주는 그레트헨의 모습이 다음 대사에 잘 드러나 있다.

하지만 정말 힘든 순간도 많았어요.
밤이면 아기의 요람을 제 침대 옆에 갖다 놓았고,
그 애가 조금만 움직여도 잠에서 깨나곤 했지요.
우유를 먹이기도 하고, 제 곁에 누이기도 하고,
그래도 울음을 그치지 않으면 자리에서 일어나

아기를 달래며 온 방안을 서성이기도 했어요.
그래도 날이 밝으면 빨래터에 가야 했고,
다음엔 장을 보고 부엌일도 살펴야 했지요.
하루하루 늘 그렇게 지냈어요.
늘 유쾌한 기분만은 아니었지만,
밥맛도 좋고, 잠도 푹 잘 수 있었답니다. (3137-3148)

메피스토펠레스 나를 잘 가르쳐 바로잡아 주는 일은
당신들 같은 여인의 손에 달린 것 같군요. (3151-3152)

MEPHISTOPHELES. Es käme nur auf Euresgleichen an,
Mich eines Bessern zu belehren.

10. 숲과 동굴

그는 내 가슴 속에 열심히 부채질하여
저 아름다운 자태를 연모하는 거친 불길을 타오르게 한다.
그리하여 나는 욕망에서 향락을 향해 비척거리다가,
향락 속에선 또다시 새로운 욕망을 그리워하고 있다. (3247-3250)

Er facht in meiner Brust ein wildes Feuer
Nach jenem schönen Bild geschäftig an.

So tauml' ich von Begierde zu Genuß,
Und im Genuß verschmacht' ich nach Begierde.

11. 그레트헨의 방

그레트헨은 물레 옆에 혼자 앉아서 남자친구 파우스트를 그리워하며 노래를 부른다. 이 시를 슈베르트가 1814년 10월에 작곡하여 널리 알려지게 되었다. 그레트헨은 파우스트에게 너무 깊이 빠져있어 헤어 나오기 어려운 심경이다.

내게서 평화는 사라졌네.
마음은 그저 무거울 뿐,
마음의 평화를 결코,
다시는 찾지 못하리.

그 사람이 없는 세상
내게는 무덤이니,
세상이 온통
쓰디쓴 쓸개 맛일 뿐.

가련한 나의 머리
미쳐버렸다.

가련한 나의 마음
산산이 조각났다.

내게서 평화는 사라졌네.
마음은 그저 무거울 뿐.
마음의 평화를 결코,
다시는 찾지 못하리.

그 사람이 오는가,
창밖을 내다보고
그를 만날까,
문밖을 서성이네.

그의 의젓한 걸음걸이
그 고결한 모습,
그 입가의 미소,
그 강렬한 눈빛.

마법 같은
그의 말들.
꼭 잡아주던 손,
아, 달콤한 입맞춤!

내게서 평화는 사라졌네.
마음은 그저 무거울 뿐.
마음의 평화를 결코,
다시는 찾지 못하리.

내 마음 언제나
그의 곁으로 달려간다,
아, 그를 붙잡아
놓치지 않으리.

마음껏 키스할거야
언제까지나.
그의 입맞춤에
내 몸이 사라진다 해도![6] (3374-3413)

GRETCHEN am Spinnrade allein.

Meine Ruh' ist hin,
Mein Herz ist schwer;
Ich finde sie nimmer
Und nimmermehr.

6) 정서웅, 위의 책 183-185쪽에서 인용함.

Wo ich ihn nicht hab',
Ist mir das Grab,
Die ganze Welt
Ist mir vergällt.

Mein armer Kopf
Ist mir verrückt,
Mein armer Sinn
Ist mir zerstückt.

Meine Ruh' ist hin,
Mein Herz ist schwer;
Ich finde sie nimmer
Und nimmermehr.

Nach ihm nur schau' ich
Zum Fenster hinaus,
Nach ihm nur geh' ich
Aud dem Haus.

Sein hoher Gang,
Sein' edle Gestalt,
Seines Mundes Lächeln,

Seiner Augen Gewalt,

Und seiner Rede
Zauberfluß,
Sein Händedruck,
Und ach sein Kuß!

Meine Ruh' ist hin,
Mein Herz ist schwer;
Ich finde sie nimmer
Und nimmermehr.

Mein Busen drängt
Sich nach ihm hin.
Ach dürft' ich fassen
Und halten ihn,

Und küssen ihn,
So wie ich wollt',
An seinen Küssen
Vergehen sollt'!

12. 마르테의 정원

파우스트

날 오해하지 말아요, 사랑하는 사람이여!
누가 신의 이름을 부를 수 있겠소?
누가 고백할 수 있겠소,
나는 신을 믿는다고?
마음속으로 느낀다고 해서
누가 감히 말할 수 있겠소,
나는 신을 믿지 않는다고?
만물을 포괄하는 자,
만물을 보존하는 자,
그는 당신을, 나를, 그리고 자기 자신을
포괄하고 보존하고 있지 않소?
하늘은 저 위에 둥글게 덮여 있지 않소?
대지는 이 아래 굳건히 놓여 있지 않소?
영원한 별들은 다정한 눈인사를 나누며
이렇게 떠오르지 않소?
당신의 눈을 들여다보고 있으면,
모든 것이 당신의 머리와 가슴으로 밀려들어와
영원한 비밀을 간직한 채
보일 듯 말 듯 당신 곁에서 떠돌고 있질 않소?

아무리 크더라도 그것으로 당신의 가슴을 채우구려.
그리하여 당신이 온통 행복감에 젖게 된다면,
그것을 행복! 진심! 사랑! 신!
무엇이든 원하는 대로 이름을 붙이구려.
나는 그걸 뭐라고 불러야 좋을지 모르겠소!
느끼는 것만이 전부지요.
이름이란 공허한 울림이요, 연기요,
안개 속에 휩싸인 하늘의 불꽃일 뿐이오.[7] (3431-3458)

위의 파우스트 대사 중에서 괴테의 범신론적 신앙관에 해당되는 주요 시행들의 독일어 원문을 제시한다.

Und wenn du ganz in dem Gefühle selig bist,
Nenn es dann, wie du willst,
Nenn's Glück! Herz! Liebe! Gott!
Ich habe keinen Namen
Dafür! Gefühl ist alles;
Name ist Schall und Rauch,
Umnebelnd Himmelsglut.

7) 정서웅, 위의 책 186-187쪽에서 인용함.

13. 성 안쪽 길

그레트헨은 자신의 죄과 때문에 괴로워한다.

저는 어디를 가든,
여기 이 가슴 속
아프고, 아프고, 또 아프답니다!
아, 혼자 있기만 하면
울고, 울고, 또 울어서
제 가슴 갈기갈기 찢어집니다. (3602-3607)

도와주세요! 절 치욕과 죽음에서 구해 주세요!
온갖 괴로움 겪으신 성모님
얼굴을 돌리시고 자비로이
제 고통을 굽어 살피소서! (3616-3619)

14. 성당

그레트헨은 악령에 시달린다.

악령

그레트헨, 너는 많이 변했구나.
네가 아직 순진무구했을 땐,

여기 제단 앞으로 나와
낡은 기도서를 펼쳐 들고,
더듬더듬 기도를 올렸었지.
반은 어린애다운 장난기에서,
반은 마음속에 주님을 생각하면서!
그레트헨!
네 정신은 어디 갔느냐?
네 가슴 속엔
이 무슨 못된 생각이란 말이냐!
너로 인해 기나긴 고통의 잠에 빠져버린
어머니의 혼령을 위해 기도하는 거냐?
너희 집 문지방에는 누구의 피가 흘렀더냐?
그리고 네 가슴 아래에선
이미 죄악의 씨가 꿈틀거리면서
너와 자신의 존재가 염려스러운 듯
불안에 차 있지 않으냐? (3776-3793)

그레트헨

괴롭다! 괴로워!
내 마음 속 돌아다니며
날 질책하는 이 생각에서
제발 벗어났으면! (3794-3797)

15. 발푸르기스의 밤

메피스토는 파우스트를 관능적 환락의 세계로 유혹하기 위해 발푸르기스 날 밤에 브로켄 산에서 열리는 마녀들의 축제로 끌고 간다. 기괴한 환상의 세계를 보여 주는 이 축제는 870년에 성인의 반열에 오른 독일의 수녀 Walpurgis를 위한 축제이다.

독일인들은 5월 1일 전날 밤 악마들이 마녀들을 '검은 숲 Schwarzwald'에 모이게 하여 나쁜 일을 꾸민다고 믿었는데, 이를 5월 1일 성인이 된 발푸르기스가 막는다는 뜻에서 시작된 축제이다. 독일 중동부 Sachsen-Anhalt주의 도시 Quedlinburg와 Thale에서는 매년 마녀축제가 열린다.

브로켄 산은 독일 중부 하르츠산맥에 위치한 최고봉으로 높이는 1,142m 이다. 괴테는 하르츠산맥을 세 번이나 여행했다.

16. 감옥

그레트헨은 그녀의 죄과로 감옥에 갇혀있으면서 참회하고, 주님께 구원을 간청한다.

마르가레테
저는 당신의 것입니다, 주님! 절 구원하소서!
천사들이여! 그대들 성스런 무리여,

절 에워싸고 지켜주소서!
하인리히! 전 당신이 무서워요.

메피스토펠레스
그녀는 심판받았다!

목소리 (위로부터) 구원받았다! (4607-4611)

MARGARETE. Dein bin ich, Vater! Rette mich!
Ihr Engel! Ihr heiligen Scharen,
Lagert euch umher, mich zu bewahren!
Heinrich! Mir graut's vor dir.
MEPHISTOPHELES. Sie ist gerichtet!
STIMME von oben. Ist gerettet!

『파우스트』 제1부에서 괴테가 채택하고 있는 다양한 운율과 리듬에 대하여 당시의 시인이자 문헌학자이며, 괴테가 운율론의 제반문제에 관해 종종 조언을 구하기도 했던 슐레겔 August Wilhelm Schlegel은 경탄을 금할 수 없었고, 역시 대가다운 솜씨를 유감없이 발휘하고 있다고 극찬하였다.

"모든 것이 직접적이고, 순간적이다. 모든 것이 생명, 특성, 영혼, 정신 그리고 마력이다." 슐레겔의 이 비평은 "외부에서 본 개인의 삶의 향유, 감정탐닉속의 정열"이라는 괴테 자신의 『파우스

트』 제1부에 대한 도식과도 일맥상통한 것이다.[8]

『파우스트』 제1부에서 주인공 파우스트는 우울하고 세계도피적이며, 무한성을 추구하고 내면에서 분열되어 있다.

Ⅲ. 비극 제2부

1. 제1막

1.1. 풍취 좋은 지방

파우스트는 제1부의 마지막 장면(감옥)에서 정신적인 죽음을 체험하였다. 제2부의 첫 장면(풍취 좋은 지방)에서 파우스트는 다시 태어나게 되는데, 이것은 다분히 괴테의 의도적인 계획이었음이 엑커만과의 대화에서 명확히 밝혀지고 있다.

> "나는 그 주인공을, 내가 그렇게 했듯이, 완전히 무력화시키고, 아무것도 아닌 존재로 관찰할 수밖에 없었다. 하지만 그러한 외관상의 죽음으로부터 하나의 새로운 삶을 점화할 수밖에 없었다."[9]

8) HA. Bd.3, 427쪽.
9) D. Lohmeyer: Faust und die Welt, München 1975, 61쪽.

재생은 하나의 엄청난 변신이다. 범죄자로부터 벗어나 새로운 방식으로 세계를 경험하는 자로의 변신이며, 심리적 자아로부터 벗어나 우주적 자아로의 변신인 것이다.

1부에서 파우스트는 인간정신에 설정된 한계를 수동적 방법으로 없애려고 했던 반면에, 2부에서는 총체성을 향한 목표지향적 인물로 변신한다.

이 장면은 천상계를 서술하는 서정적 노래시행(4613-4620)과 지상계를 서술하는 드라마적 낭송시행(4621-4633, 4666-4678, 4679-4727)으로 양분된다.

아리엘은 항상 인간을 도와주려는 대기의 요정이다. 요정들이 심신이 지쳐버린 파우스트를 위해 노래를 불러줌으로써 파우스트는 다시 회복이 되어, 앞으로 '큰 세계'에서 활동할 수 있는 에너지를 갖게 된다.

아리엘

꽃잎이 봄비 내리듯
모두의 머리 위에 흩날릴 때,
들판의 푸른 축복이
지상의 뭇 생명체에게 빛날 때,
작은 요정들 넓은 마음으로

도움이 필요한 곳 찾아간다네.
선한 자이든, 악한 자이든,
불행에 처한 사람 동정한다네.
이 사람의 머리 위를 바람결에 떠다니는 요정들아,
여기서 고귀한 요정의 힘을 보여주려무나.
격렬한 마음의 투쟁을 달래주고,
타는 듯 괴로운 비난의 화살을 뽑아
겪었던 공포로부터 그의 마음을 회복시켜라.
밤의 시간은 넷으로 나뉜다.
이제 주저하지 말고 정답게 그것을 채워주어라.
우선 그의 머리를 시원하게 베개 위에 눕히고,
그 다음 레테 강의 이슬로 목욕시켜라.
아침까지 쉬면서 원기를 회복하면
경련으로 굳어진 사지도 곧 부드러워지리라.
요정들의 아름다운 의무를 다하여
그를 성스런 빛으로 되돌려주어라.

합창

산들바람 훈훈하게
푸른 초원에 가득하고,
달콤한 향기, 자욱한 안개
어스름 속에 내린다.

감미로운 자장가 속삭여주어라.
마음을 달래어 어린이처럼 잠들게 하라.
고달픈 그의 눈앞에서
하루의 문을 닫아주어라.

밤의 장막이 내렸다.
별들은 성스럽게 어울려
큰 불빛, 작은 불꽃
가까이서 반짝이고, 멀리서 빛난다.
여기 호수에 어리어 반짝
저기 밤하늘에서도 반짝.
깊은 휴식의 행복을 지켜주듯
찬란한 달빛 하늘에 가득.

어느새 몇 시간이 흘러
고통도 행복도 사라졌나니,
예감하라! 그대는 건강해지리라.
새날의 밝은 빛을 믿어라!
푸른 골짜기, 굽이치는 언덕들
숲은 안식의 그늘.
일렁이는 은빛 물결 속에
추수를 앞둔 오곡이 넘실댄다.

너의 소원을 모두 성취하려면,
저기 찬란한 아침 해를 바라보아라!
너는 잠깐 사로잡혔을 뿐,
잠은 껍질이니 벗어 던져라!

다른 무리들 주저하며 헤맬지라도
그대는 망설이지 말고 용감히 행동하라.
총명하여 재빨리 실천에 옮기는
고귀한 사람은 무엇이든 이룰 수 있다.[10] (4613-4665)

밤 시간을 넷으로 구분한 것은 유년기, 반영, 희망, 행위를 상징한다.[11] 저녁은 고달픈 마음을 달래 아기 모양 잠재우고, 밤은 호수에 비쳐 반짝이는 반영으로 나타난다. 아침은 희망으로서 자신을 알린다. 잠에서 깨어나 파우스트는 저 높은 존재를 향해서 정진하는 행위를 중요시 한다.

파우스트

생명의 맥박 생생히 고동치며

10) 정서웅 옮김: 파우스트 2. 민음사 1999, 11-14쪽에서 그대로 인용함. 앞으로 파우스트 2부의 번역문은 이 책에서 인용하고, 필자가 새롭게 번역한 부분도 있음을 밝힌다.

11) W. Emrich: Die Symbolik von Faust 2. Frankfurt a.M. 1964, 100쪽.

여명의 하늘을 향해 부드러운 인사를 보낸다.
대지여, 그대는 간밤에도 변함없더니,
새로이 기운을 얻어 내 발밑에서 숨을 쉬면서
어느새 날 기쁨으로 감싸주기 시작하누나.
날 자극하고, 강한 결심을 불러일으켜
줄곧 높은 현존재로 이끌려 하는구나.
여명 속에 벌써 세계는 열려 있다.
숲엔 수많은 생명의 소리 울려 퍼지고,
골짜기 안팎으로 길게 뻗은 안개자락.
그러나 하늘의 맑은 빛 깊은 곳까지 스며들고,
큰 가지, 작은 가지 원기도 왕성하게
고이 잠자던 향기로운 심연에서 움터 나온다.
꽃과 이파리 진주 같은 이슬 머금고
대지로부터 온갖 영롱한 색깔을 자랑하니
내 주위가 온통 낙원이 되는구나.

위를 우러러보라! 거인 같은 산봉우리들은
어느새 지극히 장엄한 시간을 알려준다.
산들은 영원한 빛을 먼저 즐긴 후
뒤이어 우리에게 비춰준다.
이제 알프스의 푸르고 구릉진 초원에
새로운 광휘와 밝음이 보내지고,
그것이 차츰차츰 밑으로 내리뻗다가

태양이 솟는다! 하지만 어느새 눈이 부시구나.
눈에 스며드는 아픔 때문에 나는 몸을 돌린다.

동경에 찬 희망이
최상의 소망을 향해 성실히 투쟁하여
성취의 문 활짝 열렸음을 발견했을 때가 아마 이러하리라.
그러나 저 영원의 밑바닥에서 거대한 불길 터져 나오면,
우리는 당황하여 걸음을 멈춘다.
우리는 생명의 횃불을 붙이려 했는데,
불바다가 우리를 둘러싸니, 이게 어찌 된 불일까?
이글대며 우리를 휘감는 이것이 사랑일까? 미움일까?
고통과 기쁨이 번갈아 엄습하니,
우리는 다시 지상으로 눈을 돌려
젊디젊은 베일 속에 우리 몸을 숨긴다.

그러니 태양이여! 내 등 뒤에 머물러다오!
바위틈에서 쏟아져 내리는 폭포수를
나는 놀라움에 차서 바라본다.
이제 물줄기는 수천 갈래로 갈라진다.
다시금 수만 갈래로 쏟아져 내리며,
공중 높이 수많은 물거품 되어 튀어 오른다.
하지만 얼마나 아름다운가. 물보라에서 생겨난 무지개,
끊임없이 변화하는 오색 다리를 놓으며

때로는 뚜렷한 모습으로, 때로는 허공에 흩날리면서
향기롭고 시원한 소나기를 뿌려준다.
무지개는 인간의 노력을 비춰주는 거울.
그것을 보고 생각하면 깊은 이해에 도달하리라,
인생이란 채색된 영상 속에서 파악된다는 사실을.[12](4679-4727)

FAUST. Des Lebens Pulse schlagen frisch lebendig,
Ätherische Dämmerung milde zu begrüßen;
Du, Erde, warst auch diese Nacht beständig
Und atmest neu erquickt zu meinen Füßen,
Beginnest schon, mit Lust mich zu umgeben,
Du regst und rührest ein kräftiges Beschließen,
Zum höchsten Dasein immerfort zu streben. —
In Dämmerschein liegt schon die Welt erschlossen,
Der Wald ertönt von tausendstimmigem Leben,
Tal aus, Tal ein ist Nebelstreif ergossen,
Doch senkt sich Himmelsklarheit in die Tiefen,
Und Zweig und Äste, frisch erquickt, entsprossen
Dem durf'gen Abgrund, wo versenkt sie schliefen;
Auch Farb' und Blatt von Zitterperle triefen—
Ein Paradies wird um mich her die Runde.

12) 정서웅, 위의 책, 14-16쪽에서 인용함.

Hinaufgeschaut! — Der Berge Gipfelriesen
Verkünden schon die feierlichste Stunde;
Sie dürfen früh des ewigen Lichts genießen,
Das später sich zu uns hernieder wendet.
Jetzt zu der Alpe grüngesenkten Wiesen
Wird neuer Glanz und Deutlichkeit gespendet,
Und stufenweis herab ist es gelungen;—
Sie tritt hervor! — und leider schon geblendet,
Kehr' ich mich weg, vom Augenschmerz durchdrungen.

So ist es also, wenn ein sehnend Hoffen
Dem höchsten Wunsch sich traulich zugerungen,
Erfüllungspforten findet flügeloffen;
Nun aber bricht aus jenen ewigen Gründen
Ein Flammenübermaß, wir stehn betroffen;
Des Lebens Fackel wollten wir entzünden,
Ein Feuermeer umschlingt uns, welch ein Feuer!
Ist's Lieb'? ist's Haß? die glühend uns umwinden,
Mit Schmerz und Freuden wechselnd ungeheuer,
So daß wir wieder nach der Erde blicken,
Zu bergen uns in jugendlichstem Schleier.

So bleibe denn die Sonne mir im Rücken!

Der Wassersturz, das Felsenriff durchbrausend,
Ihn schau' ich an mit wachsendem Entzücken.
Von Sturz zu Sturzen wälzt er jetzt in tausend,
Dann abertausend Strömen sich ergießend,
Hoch in die Lüfte Schaum an Schäume sausend.
Allein wie herrlich, diesem Sturm ersprießend,
Wölbt sich des bunten Bogens Wechseldauer,
Bald rein gezeichnet, bald in Luft zerfließend,
Umher verbreitend duftig kühle Schauer.
Der spiegelt ab das menschliche Bestreben.
Ihm sinne nach, und du begreifst genauer:
Am farbigen Abglanz haben wir das Leben.

위의 파우스트 모노로그는 테르치네 형식으로 전개된다. 이 시형의 연쇄운은 광범위한 세계적 이념들을 일반적인 연관성으로 연결시키는데 적합하며, 높고 높은 현존재를 향한 파우스트적 충동에도 부합된다.

괴테는 1부에서의 신과 악마간의 대립성을 2부에서는 신과 인간 사이의 양극성으로 바꿔 놓고 있다. 신은 인간에게 그 모습을 직접 내보이지 않는 법이다. 무지개는 신적인 표시로서 신과 인간 사이의 유대의 상징으로 나타난다. 신적인 것은 다만 반영, 실례, 상징, 개별적인 유사한 현상들 속에서만 파악될 수 있다. 괴테는 '특수한 것' 속에서 '일반적인 것'을 관찰했다.

1.2. 황제의 궁성. 왕좌의 홀

재상

나라 안이 송두리째 열병에 걸린 듯 발칵 뒤집히고,
흉악한 것이 또 흉악한 것을 낳고 있으니
인간 정신에 도리가, 심정에 선량함이,
손에는 근면과 열성이 있을지라도
무슨 소용이 있겠어요?
높은 대궐 위에서 나라 안을 내려다보는 사람은
괴물들이 기괴한 꼴로 맹위를 떨치고,
불법이 합법적으로 세상을 지배하고,
오류투성이의 세계가 벌어지고 있는 꼴을 보면,
마치 흉몽과 같은 생각이 들 것입니다.
그리하여, 온 세상은 산산조각이 나고
질서를 따라가는 자는 값이 없어지게 마련입니다.
이래서야 우리들을 정의로 인도하는 유일한
판단력이 어찌 발달하겠습니까? (4778-4806)

여기서 알 수 있듯이 제1막의 '황제의 궁성' 장면은 경제가 파탄되고, 도덕이 타락하고 폭동에 위협받는 국가상을 부각시킨다. 협동심과 연대의식이 상실되어 버렸고, 공공연한 불법, 불법적 폭력행위, 사회전반에 만연해 있는 부패가 판을 치고 있다. 병무상도 그의 군대를 더 이상 통솔할 수 없다. 인플레이션이 심화되어 국가가 부도와 파산지경에 이르렀는데도 기생하는 지배계층은 언제 폭발할지 모르는 화산 위에서 신명나게 축제를 즐기며 춤추고 있다.

이 장면에서 제국의 경제적 침체, 정치적 해체, 심각한 국가위기가 극명하게 드러나 있다. 재무상은 황제파와 교황파 사이의 당파 싸움을 통탄한다(4843이하).

황제 충성파와 황제 반역파간의 사회적인 양극화는 급기야 제4막에서 시민전쟁으로 끝난다. 황제파들까지도 충성보다는 자신들의 이익을 챙기기에 여념이 없고, 용병까지도 삯전과 미수금 때문에 국가에 얽매어 있는 것처럼 행세한다(4819이하). 제1막에서 무법과 약탈이 활개 치는 것(4785이하)은 제4막에 가서는 결국 무정부상태, 동족간의 전쟁, 만인의 만인에 대한 전투로 치닫게 된다(10261). 폭력과 불의에 대한 제어장치가 결여됨으로써 사회정의가 실종되었다(4801이하). 이웃에 대한 무관심(4867)은 "이웃집의 화재가 너희들을 소실시킬 것"(10396)이라는 상호의존성을 망각케 한다. 왕권의 상실은 사회의 자기파괴와 결합되어 있고, 당파는 정치질서의 파괴로 나타난다.

괴테는 1826년에 발표한 그의 논문『근대 교황파와 황제파』에서 고전주의자들과 낭만주의자들 사이의 불화와 논쟁을 그 시대를 휩쓸고 있었던 사회 전반적인 싸움으로 보았고,『예술과 고대』라는 글에서 고전주의와 낭만주의 사이의 대립을 조합의 강압과 영업 권리를 둘러싼 분쟁과 비교하고 있다.[13)] 파우스트 2부에서는 이러한 고전주의와 낭만주의 사이의 반목관계가 당시의 정치적 경제적 제반문제 속에서 반영되고 있다. 그러한 의미에서 괴테의 문학적 현실은 당시의 시대사적인 사건들과 밀접한 연관성이 있는 것이다.

경제와 정치문제는 무엇보다도 제1막, 제4막 그리고 제5막에서 서술되고 있다. 제1막은 낡은 봉건국가의 붕괴와 지폐의 분배에 의한 그 회생의 시도를 보여준다. 제4막은 시대사적인 복고주의 국면을 풍자하고, 제5막에서는 봉건적 구조로의 회귀가 자본주의 근대화의 모티브와 교차되고 있다. 이러한 두개의 역사적 체계가 특이하게 혼합되는 것은 생시몽주의적 사회유토피아에 대한 풍자에서도 제시되고 있다. 이율배반적인 막들의 구성 - 낡은 경제와 새로운 경계(1막), 역사와 자연(2막), 과거와 예술(3막), 전쟁과 획득(4막), 전원과 미개지(5막) -으로부터 근대의 알레고리적 총체해석이 생겨나는 것이다.

1.3. 옆방이 딸린 넓은 홀

가장 무도회를 위해 단장되어 있는 넓은 홀이다. 괴테는 이 장면을 로마의 카니발을 상상하면서 썼는데, 사람들은 가면을 씀으로써 인생의 허무함을 폭로하게 된다. 가장무도회는 삶에 대한 알레고리이다.

---

13) WA 1, 41/2, 276쪽, T. Zabka: Faust 2, Tübingen 1993, 229쪽.

우미의 여신들

아글라이아

우리는 인생에 우아함을 부여한다.
선물하는 데도 우아함이 깃들여야 한다.

헤게모네

받는 데도 우아함이 있어야 한다.
소원을 이룬 것이 기쁘기 때문이다.

오이프로지네

평화로운 날이 계속되는 동안에는
감사의 마음도 지극히 우아해야 하리라. (5298-5304)

메게라(복수의 여신)

그 정도는 장난이지! 그들이 인연을 맺게 되면,
이번엔 내가 나서서 어떤 경우에든
아름다운 행복을 근심으로 망쳐놓겠어요.
사람도 변하고 시간도 변하는 것이니까요.
아무도 소망하던 것을 품안에 간직할 수 없어요.

최상의 행복이라도 곧 익숙해지면, (4679-4727)
어리석게도 더 탐나는 걸 그리워합니다.
태양을 등지고 서리로 몸을 녹이려는 격이지요. (5369-5376)

희망

안녕하세요, 사랑스런 자매들!
어제도, 오늘도 여러분들
가면놀이에 흠뻑 취해 있지만,
무엇보다도 난 잘 안다오,
내일이면 가면을 벗으리란 걸!
이런 횃불 빛 아래선
우리, 별로 즐겁지 않아요.
하지만 명랑한 대낮엔
모두 우리 마음대로 할 수 있지요.
때로는 친구들과 때로는 혼자서
아름다운 들판을 자유롭게 거닐죠.
쉬거나 일하거나 내 마음대로
아무 근심 없이 살아가면서
아쉬운 것 없이 항상 노력하네.
어디서나 환영받는 손님이 되어
편안한 삶 살아봅시다.
틀림없이 어느 곳에선가
최상의 것 찾을 수 있으리니. (5423-5440)

마차를 모는 소년

저는 낭비입니다. 시이지요.
자신의 재화를 아낌없이 뿌릴 때
완성되는 시인입니다.
저 역시 어마어마한 재물을 갖고 있어서
플루투스에 못지않다고 자부하지요.
저분의 무도회나 잔치를 꾸며 활기를 넣어주면서
저분에게 없는 걸 나누어드리지요. (5573-5579)

플루투스

(마차 모는 소년에게) 너는 귀찮은 일에서 벗어나
자유의 몸이 되었으니,
이제는 당당하게 네 영역으로 가거라.
여기는 네 세계가 아니다! 여기선 일그러진 형상들이
온통 뒤얽혀 사납게 몰려온다.
네가 해맑은 세계를 또렷이 볼 수 있는 곳,
너의 것이며 너만을 믿을 수 있는 곳,
아름다움과 착함만이 사랑받는 곳,
그 고독의 세계로 가거라! —거기에서 네 세계를 창조하라!
(5689-5696)

플루투스

이제 이 보물 상자를 열어볼 때가 되었다!
의전관의 지팡이를 빌려 자물쇠를 치겠노라.
자, 열렸으니, 와서 보시오! 청동의 가마솥 안에서
무언가 넘실대다가 황금이 피처럼 끓어오른다.
우선 왕관, 목걸이, 반지 같은 장신구가 나오는데,
부글부글 끓어올라 녹여 삼킬 것만 같다.

군중들이 서로 외치는 소리
오, 저길 좀 봐! 풍성하게 솟아오르네.
상자의 가장자리로 흘러넘칠 지경이야—
황금그릇들이 녹고,
돈 꾸러미가 뒹굴어 다닌다—
방금 찍은 듯한 금화들이 튀어나오니,
내 가슴 마냥 두근대는군—
탐나는 것 여기서 다 볼 수 있구나!
저기 땅바닥으로 굴러 떨어진다—
너희들에게 주는 것이니 얼른 써먹어라.
허리 굽혀 주워서 부자가 되어라—
우리들은 번개처럼 날렵하게
상자를 통째로 집어가자.

의전관

뭘 하는 거요, 어리석은 사람들아? 대체 무슨 짓들이오?
이건 단지 가장무도회 장난이란 말이오.
오늘 밤은 더 이상 욕심을 부리지 마시오.
황금이나 보물을 정말 주었다고 믿나요?
이런 놀이에선 여러분에게
장난감 돈도 과할 것이오.
답답한 양반들! 교묘한 가상이
곧장 천박한 진실로 되어야 하는가.
여러분의 진실이란 무언가요? — 허황된 망상,
그 꼬리를 잔뜩 붙잡고 있는 것이죠—
가면 쓴 플루투스, 이 무도회의 주인공이시여,
이 무리들을 이곳에서 내몰아주십시오. (5709-5738)

가장무도회에서 지폐는 전혀 화폐가치가 없음에도 불구하고 부의 진리로 받아들여지고 있다. 가장무도회와 국가 줄거리에서 군중들이 가상을 진리로 간주하고 있음으로 인하여 그 두 줄거리 영역은 서로를 비추기도 하고 뒤섞기도 한다.

플루투스가 보물 상자를 열어젖히자 황금이 피처럼 끓어오른다(5712). 군중들은 돈 꾸러미와 금화들을 주워서 부자가 되고자 하며, 번개처럼 날렵하게 상자를 통째로 집어가자고 서로 절규한다(5715-5726). 이러한 군중들의 탐욕스런 작태들을 지켜보면서

의전관은 단호하게 훈계한다.

군중들은 축제적 유희를 궁정적 현실성으로 착각하여 그들이 갈망하였던 부귀가 정말 이루어진 것처럼 믿는다. 그러나 이와는 정반대로 궁정적 현실성의 영역에서 지폐분배는 다름 아닌 파우스트와 메피스토의 가장장난이자 "금화를 대신하는 지폐 허깨비"(6198)임이 입증되는 것이다.

이처럼 가장무도회 장면을 비롯한 제1막은 전체적으로 고찰해 볼 때 알레고리 개념으로 파악될 수 있다. 무너져 가는 봉건주의의 내부에서 한 사회의 전복이 해학적으로, 그리고 역사 예언적으로 선취되고 있는 것이다.

가장무도회는 몰락해가는 봉건주의적 시대가 꾸는 미래의 시민적·자본주의적 시대에 관한 꿈이다.

괴테에 의하면 알레고리는 현상을 어떤 한 개념으로 바꾸어서 그 개념을 또다시 어떤 이미지로 변형시키지만 그 개념은 이미지 속에서 항상 한정된 채로 완전하게 남아있다. 알레고리는 기호와 그 지시대상의 궁극적 불일치에도 불구하고 완전히 표현될 수 없는 궁극적인 것을 제한된 형상에 고착시키려는 자의적 예술양식이다. 이런 점에서 괴테는 알레고리를 부정적으로 평가한다. 괴테가 알레고리라는 예술양식을 부정적으로 보고 있음에도 불구하고 『파우스트』 2부에서 빈번히 도입하고 있는 것은 괴테 시대의 제반 상황과 근대사회 및 앞으로 몰아닥칠 미래사회의 병폐를 서술하는 데에는 알레고리가 제격이기 때문일 것이다.

제1막에서 부의 근대 시민적 모델은 중상주의적 경제국가의 체제 하에서는 비생산적인 것으로 머물 수밖에 없으며, 근대국가의 과제는 독립적인 경제주체들에게 행위의 틀을 제공하는 것이고, 봉건적 의존성으로부터 시가 해방되어야 한다는 시대 비판적 주제성이 알레고리를 통해 극명하게 드러나 있다.

1.4. 유원지

이 장면은 지폐발행 문제를 다루고 있다. 괴테는 바이마르공국의 관료로서 그의 업무와 관련하여 국민경제도 열심히 연구했다. 그의 관직은 경제적, 사회적 연관성에 관한 해박한 지식을 요구했고 괴테는 경제적 문제들의 정치적 의미와 중요성을 간파하고 있었다.

재정 및 경제정책적인 변혁의 결과들을 그는 인류를 위한 도덕적이고 장기적 안목에서 신중하게 처리했다. 무역의 활성화, 화폐가치의 추락, 부채 변제를 위한 부채의 증가, 이 모든 것은 공포의 요소들이다. 갑자기 무역거래가 활발해지고, 인플레이션이 심화되고 부채에 부채가 늘어나는 경제난국에 괴테는 능동적으로 대처하고자 했다.

파우스트와 메피스토의 화폐발행은 마술적 행위이다. 무가치한 재료를 금으로 변형시키는 연금술적 시도는 새로운 시대의 재정정책의 경제학적인 유희의 장에서 계속되는 것이다.

파우스트 문학은 끊임없는 발전과 성장을 달성한 근대경제를 현혹적인 연금술의 과정으로 폭로한다. 위협적인 국가파산, 지폐의 기만적 부를 통한 위기의 증가, 시민적 힘들을 통한 암시된 구제 등이 제1막의 가장 중요한 경제적 모티브이다.

메피스토는 황제에게 순금이 아닌 지폐를 건네준다. 근대적 인플레이션, 엄청난 경제사기가 서술된다. 순수한 것이 가상적인 것으로 교체된다. 바로 여기에 근대 경제정책과 국가정책의 사악성이 들어있다고 괴테는 보고 있다.

파우스트

무진장한 보물이 폐하의 영토 안에서
깊이 묻힌 채 때를 기다리며
이용되지 않고 있습니다. 아무리 원대한 사상도
이러한 재보에 비하면 심히 보잘것없는 것입니다. (6111-6114)

메피스토펠레스

황금이나 진주를 대신하는 이런 지폐는
휴대하기 간편하고 금액도 금방 알 수 있지요.
흥정을 하거나 환전할 필요도 없이
사랑과 술에 마음껏 취할 수가 있습니다.
금속으로 된 돈을 원하면 환전소가 마련해 주고,
거기 금이 없으면 잠깐 파내 오면 되지요.

사람들은 다른 걸 원치 않고 지폐에만 익숙해질 것이니,
이제부터는 폐하의 영토 어디를 가나
보석과 황금과 지폐가 넘쳐나게 될 것입니다. (6119-6130)

황제

우리나라가 크게 번영함은 그대들의 덕분이로다.
가능하면 그 업적에 맞는 상을 내리고 싶구나.
제국의 땅 속을 그대들에게 맡기노니,
보물의 가장 훌륭한 관리인이 되어라.
그대들은 보물이 간직돼 있는 넓은 곳을 알고 있은즉,
파낼 땐 그대들의 말을 따르도록 하겠노라.
보물의 달인인 두 사람은 이제 힘을 합하여
고귀한 임무를 즐거운 마음으로 완수하라.
지상의 세계와 지하의 세계가
기쁘게 한마음 되도록 협력하라. (6131-6140)

황제

궁중의 한 사람 한 사람에게 돈을 주고 싶은데,
각자 그걸 어디에 쓸 것인지 말해 보라.

시동

즐겁고 명랑하고 재미있게 살겠습니다.

다른 시동

당장 애인에게 목걸이와 반지를 사주겠습니다.

시종

세상 좋은 술을 마시겠습니다.

다른 시종

주사위가 주머니 속에서 벌써 충동질을 합니다. (6143-6148)

1.5. 어두운 복도

파우스트

지금껏 나도 세상과 교제하지 않았더냐?
공허함을 배우고 공허함을 가르치지 않았더냐?—
내가 통찰한 바를 이치에 맞게 말하면
반대의 소리가 곱절이나 크게 울려왔었지.
심지어 귀찮은 세상사를 피해서

고적한 곳, 황량한 곳으로 도망칠 수밖에 없었다.
하지만 완전히 버림받은 채 혼자 살지 않으려고,
결국엔 악마에게 내 몸을 맡기고 말았다. (6231-6238)

파우스트

그러나 난 경직된 상태에서 행복을 찾지는 않겠다.
놀라움이란 인간의 감정 중 최상의 것이니까.
세계가 우리에게 그런 감정을 쉽게 주지 않을지라도
그런 감정에 사로잡혀보아야 거대한 걸 깊이 느끼리라.
(6271-6273)

FAUST. Doch im Erstarren such' ich nicht mein Heil,
Das Schaudern ist der Menschheit bestes Teil;
Wie auch die Welt ihm das Gefühl verteure,
Ergriffen, fühlt er tief das Ungeheure.

1.6. 기사의 홀

파우스트

내게 아직 두 눈이 있는가? 마음속 깊은 곳에서
아름다움의 샘물, 철철 넘쳐나는 게 보이는가?
나는 무서운 여행길에서 가장 축복받은 선물을 가져왔구나.

지금껏 세계는 얼마나 보잘것없고 폐쇄돼 있었던가!
하지만 내가 사제가 된 이후로 어떻게 변했는가?
비로소 바람직한 것, 근본이 있고 영속적인 것이 되었다!
만일 내가 그대와 다시 떨어지게 된다면,
내 생명의 숨결이 사라져도 좋다!—
일찍이 마법의 거울 속에서 날 매혹하고,
기쁘게 했던 아름다운 자태,
이 미인에 비하면 한낱 거품 같은 모상에 지나지 않도다!—
그대야말로 내 모든 힘의 충동을,
정열의 진수를,
동경, 사랑, 숭배, 광신을 바쳐야 할 상대다. (6487-6500)

Du bist's, der ich die Regung aller Kraft,
Den Inbegriff der Leidenschaft,
Dir Neigung, Lieb', Anbetung, Wahnsinn zolle.

1.7. 높고 둥근 천장의 좁은 고딕식 방

메피스토펠레스

여기 누워 있으라, 헤어나기 어려운,
사랑의 굴레에 유혹된 불행한 친구여!
헬레나 때문에 넋이 나간 자,
쉽게 정신을 되찾지 못할 것이다. (6566-6569)

학사

인간의 생명은 핏속에 있는데
청년의 육체만큼 피가 들끓고 있는 곳이 어디 또 있을까요?
그것은 싱싱한 힘을 가진 살아 있는 피로서
생명으로부터 새로운 생명을 창조해 내지요.
거기서 모든 게 약동하고 무언가가 이루어지며,
약한 것은 쓰러지고, 유용한 것을 뻗어나갑니다.
우리가 세계의 절반을 정복하는 동안
당신들은 도대체 무엇을 했습니까?
졸고, 생각하고, 꿈꾸고, 궁리하면서 허구한 날 계획만 세웠지요.
분명합니다! 늙음이란 차가운 열병 같아서
변덕스런 고민으로 오한을 일으키지요. (6776-6786)

2. 제2막

2.1. 고전적 발푸르기스의 밤

'고전적 발푸르기스 밤'은 다섯 개의 장면들로 세분되며 총 1483행으로 가히 드라마 속의 드라마라고 말할 수 있다. 제1부의 '발푸르기스의 밤'이 북방적, 낭만적이라면 제2부의 그것은 남방적, 고전적이다.

우리의 관심을 끄는 것은 '고전적 발푸르기스 밤'에 참여하는 모든 형상들이 "반쪽"이라는 사실이다. 본래 반쪽존재인 그라이페, 스핑크스, 지레네, 히론 뿐만 아니라 순수한 정신인 호문쿨루스도 그가 육체를 갈망한다는 점에서, 파우스트는 그의 다른 반쪽인 헬레나를 찾고 있다는 점에서 반쪽존재이다.

더 나아가 포르퀴아스로 변신한 메피스토는 남성 악마(혼돈의 아들)이자 백발의 노파(혼돈의 딸)이기에 반양반음 또는 자웅동체라고 볼 수 있다. 이는 뚜렷한 모순에도 불구하고 서로 얽히고 설킨, 그리고 합일되는 여러 특성들의 내적인 연관성을 깊이 있고 진지하게 숙고했던 괴테에게는 너무나 당연한 것이다.

이 장면에서는 화산에 의한 커다란 지진이 일어나는데, 이것은 모든 반란, 전쟁, 당파싸움을 상징한다. 이러한 정치적 불안들은 창조적인 발전을 파괴하는 것이므로 극복되어야 하는 것이다. 지진 때문에 신비스런 금덩어리는 내동댕이쳐지는데 그 금덩어리를 놓고 난쟁이들과 두루미들, 다시 말하면 민주주의자들과 귀족정치주의자들 사이에 격렬한 당파싸움이 벌어진다. 괴테에게는 이런 당파싸움은 역사 속에서 항상 반복되는 근원현상인 것이다.

히론

뭐라고! 여인의 아름다움이란 별것이 아니오.
자칫하면 굳어버린 모습이 되기 쉽지.
찬양할 만한 미의 속성이란 오로지
삶을 즐기는 데서 솟아나는 것이오.

아름다움이란 자기도취에 빠지기 쉬운데,
우아한 아름다움이라야 정말로 거역할 수 없는 것이지.
내가 태워다 주었던 헬레나처럼. (7399-7405)

만토

불가능한 것을 갈망하는 자, 그런 사람을 전 좋아해요. (7488)
MANTO. Den lieb' ich, der Unmögliches begehrt.

메피스토펠레스

방황하지 않고는 자각에 이를 수 없다.
생성을 원한다면 네 자신의 힘으로 이뤄보아라! (7847-7848)

Wenn du nicht irrst, kommst du nicht zu Verstand.
Willst du entstehn, entsteh auf eigne Hand!

3. 제3막

3.1. 성 안뜰

'성 안 뜰' 장면에서 헬레나는 파우스트의 말을 받아 운에 맞추어 완성하기도 한다. (9377-84)

고대미의 화신인 헬레나가 음향 속에서 게르만 세계와 융합되고, 파우스트의 언어는 그녀로부터 고대적 요소를 받아들인다. 각운의 음향 상징성을 통하여 고대 그리스와 중세 독일, 고전적인 것과 낭만적인 것의 결합이 이루어진 셈이다. 파우스트와 헬레나의 만남 속에서 독일과 그리스라는 두 민족이 그 극단적 대립구조에도 불구하고 바로 그 양극성에 근거하여 상호 불가분하게 결합되고 소속되며, 그들의 만남에 의해 괴테적 의미에서 승화를 이룩하고 보다 차원 높은 단일성을 얻게 된다.

헬레나

말해 줘요. 어떻게 그토록 아름답게 말할 수 있나요?

파우스트

아주 간단해요. 마음에서 우러나오면 되지요.
가슴에 그리움이 넘쳐나면
둘러보며 묻지요—

헬 레 나　누구와 함께 즐길 거냐고.
파우스트　이제 마음은 앞도 뒤도 안돌아보고,
　　　　　오로지 현재만이—
헬 레 나　우리의 행복이지요. (9377-9382)

HELENA. So sage denn, wie sprech' ich auch so schön?

FAUST. Das ist gar leicht, es muß von Herzen gehn.
Und wenn die Brust von Sehnsucht überfließt,
Man sieht sich um und fragt—

HELENA. wer mitgenießt.

FAUST. Nun schaut der Geist nicht vorwärts, nicht zurück,
Die Gegenwart allein—

HELENA. ist unser Glück.

파우스트 저는 숨이 막히고 몸이 떨리고 말문이 막힙니다.
시간도 장소도 사라져버린 꿈만 같습니다.

헬 레 나 제 삶은 끝났지만 새로 시작하는 것 같아요.
낯선 당신에게 정성을 바쳐 하나가 된 것 같아요.

파우스트 한 번뿐인 운명에 대해 너무 깊이 생각하지 마십시오.
존재한다는 건 의무입니다. 비록 순간적일지라도.
(9413-9418)

3.2. 그늘진 숲

오이포리온

어린애의 노랫소리를 들으면
그건 곧 두 분의 즐거움이시죠.

제가 박자에 맞춰 뛰는 걸 보면
부모님의 마음도 설렐 거예요.

헬레나

인간다운 행복을 누리기 위해선
사랑이 고귀한 두 사람을 가깝게 하지만,
신과 같은 기쁨을 맛보기 위해선
사랑이 귀중한 세 사람을 만들어놓아요.

파우스트

그것으로 모든 게 갖추어졌소.
나는 당신의 것, 당신은 나의 것.
이렇게 우리 인연을 맺었으니
결코 변해서는 안 되겠소! (9695-9706)

오이포리온

강한 자, 자유로운 자, 용기 있는 자들과 어울려
정신 속에선 벌써 다 행하였다.
자, 나가자!
이제 저곳에
명예로운 길이 열려 있다.

헬레나와 파우스트

겨우 세상에 태어나
밝은 날을 대하자마자,
너는 현기증 나는 계단에 올라
고통에 찬 영역을 그리워하는구나.
그렇다면 우리는 네게
아무런 존재도 아니란 말이냐?
단란한 인연도 한바탕 꿈이란 말이냐?

오이포리온

저 바다 위의 천둥소리가 들리십니까?
저기 골짜기마다 메아리치고,
먼지와 파도 속에선 군대들이 맞붙어
밀고 밀리며 악전고투를 하고 있습니다.
그리고 죽음은
천명이지요.
그것은 너무나 자명한 일입니다.

헬레나, 파우스트, 그리고 합창

놀랍구나! 끔찍하구나!
죽음이 네겐 천명이라니? (9872-9892)

오이포리온

그래도 가야 합니다!— 양쪽 날개가
활짝 펼쳐집니다!
그곳으로! 가야 합니다! 가야 합니다!
날도록 허락해 주세요! (9897-9900)

헬레나

(파우스트에게)

행복과 아름다움을 늘 함께 누릴 수 없다는
옛말이 슬프게도 제게 증명되었어요.
생명의 줄도 사랑의 줄도 끊어져버렸으니,
두 가지를 애통해하면서 쓰라린 이별을 고하겠어요.
한 번만 더 저를 안아주세요.
저승의 여신이여, 아들과 나를 데려가소서! (9939-9944)

4. 제4막

4.1. 고산지대

파우스트

당치도 않은 소리! 이 지상에는 아직도

위대한 일을 할 여지가 남아 있어.
놀랄 만한 일을 해내야 해.
과감히 노력하고픈 힘이 느껴지네.

메피스토펠레스

그렇다면 명성을 얻고 싶은 게로군요?
그럴 만하군요. 당신은 여걸로부터 왔으니까.

파우스트

지배권을 획득하는 거다, 소유권도!
행위가 전부다. 명성은 허무한 것이다. (10181-10188)

파우스트와 메피스토는 이전에 벌어졌던 시민전쟁에서 황제반역파를 격파했다. 메피스토의 계획에 따르면 안정된 구질서는 토지를 획득하려는 파우스트의 프로젝트에는 더없이 좋은 틀이다. 전쟁에 협력한 대가로 그는 기사가 될 것이고 해안지대의 땅을 봉토로 받게 될 것이다.

메피스토펠레스

전쟁에 이기기 위한 전략이요!
당신도 당신의 목적을 생각해서,

커다란 뜻을 가지고 단단히 준비를 해야 되오.
만일 황제의 왕위와 국토를 유지시켜 주면,
당신은 무릎을 꿇고 끝도 없는 해안 지대를
봉토로서 받게 될 것이란 말이오. (10301-10506)

5. 제5막

제5막의 전반부는 노부부 필레몬과 바우치스, 파우스트와 메피스토, 이 두 집단 간의 대립과 갈등 양상이 전면에 등장하고 있다. 자연과 과학기술, 보수와 진보, 신화와 계몽에 관한 중요한 성찰을 제시한다. 신화 시대와 기술 시대, 평화로운 옛날 세계와 평화롭지 않은 진보적인 새로운 세계가 격렬한 대결을 이루다 결국 신화 시대를 대변하는 필레몬과 바우치스, 나그네, 교회당, 보리수 숲이 소실되고, 그 대신 인간에 의한 자연정복 내지는 자연지배라는 계몽시대가 완성되는 과정이 서술되고 있다. [14]

노부부가 안락하게 살고 있는 오두막집 근처의 모래 언덕에서 울려 퍼지는 교회 종소리는 파우스트에게는 저주스럽고, 음흉한 화살처럼 느끼며, 너무나 심한 상처를 준다. 그의 영토가 완전하지 못하다고 생각하여 보리수 언덕, 갈색의 오두막, 교회당까지도 파괴하고, 노부부를 몰아내어 마침내 넓은 복지의 땅을 마련해

14) 김용민: 생태학적 관점에서 본 "파우스트 2부", 독일언어문학 13집, 2000, 123쪽.

준 인간정신의 걸작을 파우스트는 향유하고자 한다(11151-11250).

파우스트는 메피스토와 협력하여 노부부를 매립지로 강제이주시키려고 하나, 그들은 전원적이고 목가적인 자신들의 보금자리를 떠나려하지 않는다. 하지만 결국 그들은 화염의 희생물이 되고 만다. 메피스토는 "전쟁과 무역과 해적질은/ 서로 불가분의 삼위 일체"(11187-11188)라고 역설하고 있다. 여기서 우리는 근대정신에 대한 괴테의 강도 높은 비판의식을 엿볼 수 있는 것이다. 파우스트는 미래의 망상을 위해 현재를 희생시킨다. 이것은 다가오는 시대의 모든 사회유토피아와 독재적인 체계들의 예언적 조소이다(11552 이하). 멈추게 할 수 없는 기술은 피흘리는 마술로 나타난다(11127 이하). 새로 획득된 땅은 경제적, 기술적 시설과 화원의 낯 설은 혼합을 규정한다.

제5막에서는 인간에 의해 구상되고 만들어진 유토피아라는 미명 하에 그 속에서 모든 것이 통제되는 하나의 새로운 세계위협이 제시된다. 파우스트의 프로젝트는 하나의 세계위기에 대한 교만한 반작용이다. 성장한 것을 파괴한 파우스트는 효용성과 목적만능주의를 입증하는 것이다.

메피스토적 합리성은 하버마스의 "계산적 오성", 아도르노와 호르크하이머의 "목적 만능주의"라는 사유형태와 본질적 성격에서 일치한다. 메피스토가 지닌 합리성은 현실적 목적 달성을 위한 가장 좋은 수단을 계산해 내는데 사용될 뿐이지 그 목적과 수단의 도덕성이나 정당성은 전혀 고려의 대상이 아니다. 이 합리성은 모든 초월적 질서나 도덕적 제약, 종교적 계율을 거부하기 때문에 타산적일 수밖에 없으며, 필연적으로 현실적 이해관계 위주의 강한 유용론적 성격을 띠게 되는 것이다. 이러한 근대적 인간의 오만과 공리주의적 사고의 문제성이 '궁전의 넓은 앞마당' 장면의 파우스트의 마지막 독백에서 여실히 드러나고 있다.[15)]

5.1. 궁전

힘이 곧 정의다.
무엇을 잡느냐가 문제지, 어떻게는 알 바 아니야. (11184-11185)

이런 말 하는 것이 부끄럽지만,
저 언덕 위의 노인들을 몰아내고
보리수 그늘을 내 자리로 삼고 싶다.
내가 갖지 못한 저 몇 그루 나무들이
세계를 차지한 보람을 망치고 있구나.
저곳에서 사면을 둘러보도록
나뭇가지 위에 발판을 만들고 싶다.
멀리까지 시야가 터지게 해서
내가 이룬 모든 것을 바라보겠다.
현명한 뜻으로 백성을 위해

15) 김수용: "파우스트"에 나타난 악의 본성, 독일언어문학, 12집, 1999, 162-163쪽.

넓은 복지의 땅을 마련해 준
인간 정신의 걸작을
한눈에 둘러보고 싶단 말이다.
부유한 가운데 결핍을 느낀다는 건
우리의 고통 중에 가장 혹독한 것이다. (11239-11252)

5.2. 한밤중

파우스트

나는 오로지 세상을 줄달음쳐 왔을 뿐이다.
온갖 쾌락의 머리채를 붙잡았지만,
흡족하지 않은 것은 놓아버리고,
빠져나가는 것은 내버려두었다.
나는 오직 갈망하면서 그것을 성취하였다.
또한 소망을 품고 기운차게
평생을 질주해 왔다. 처음엔 원대하고 힘차게,
지금은 현명하고 사려 깊게 해나간다.
지상의 일은 낱낱이 알고 있지만,
천상을 향한 전망은 끊어져버렸다.
눈을 깜짝 거리며 하늘을 향해
구름 속의 자신을 꿈꾸는 자는 바보로다!
이곳에 굳건히 서서 주위를 둘러볼 일이다.
유능한 자에게 이 세상은 침묵하지 않으리라.

무엇 때문에 영원 속을 헤맬 필요가 있을까!
인식한 것은 손아귀에 잡을 수 있는 법,
이렇게 지상의 나날을 보내는 게 좋으리라.
도깨비들 날뛰어도 내 갈 길만 가면 된다.
어떤 순간에도 만족을 모르는 자,
그가 나아가는 길엔 고통도 행복도 함께 있겠지! (11433-11452)

FAUST.

Ich bin nur durch die Welt gerannt;
Ein jed' Gelüst ergriff ich bei den Haaren,
Was nicht genügte, ließ ich fahren,
Was mir entwischte, ließ ich ziehn.
Ich habe nur begehrt und nur vollbracht
Und abermals gewünscht und so mit Macht
Mein Leben durchgestürmt; erst groß und mächtig,
Nun aber geht es weise, geht bedächtig.
Der Erdenkreis ist mir genug bekannt,
Nach drüben ist die Aussicht uns verrannt;
Tor, wer dorthin die Augen blinzelnd richtet,
Such über Wolken seinesgleichen dichtet!
Er stehe fest und sehe hier sich um;
Dem Tüchtigen ist diese Welt nicht stumm.

Was braucht er in die Ewigkeit zu schweifen!
Was er erkennt, läßt sich ergreifen.
Er wandle so den Erdentag entlang;
Wenn Geister spuken, geh' er seinen Gang,
Im Weiterschreiten find' er Qual und Glück,
Er, unbefriedigt jeden Augenblick!

5.3. 궁전의 넓은 앞마당

파우스트

저 산줄기에 늪이 하나 있어
이미 개간한 땅에 독기를 뿜고 있다.
그 썩은 웅덩이의 물을 빼는 것이
마지막이자 최대의 공사가 되리라.
이로써 수백만에게 땅을 마련해 주는 것이니,
안전하지는 않더라도 자유롭게 일하며 살 수 있으리.
들이 푸르고 비옥하니, 인간과 가축들은
새로운 땅에 곧 정이 들 것이요,
용감하고 근면한 백성들이 쌓아올린
견고한 언덕으로 곧 이주해 오리라.
밖에선 성난 파도가 제방을 때린다 해도,
여기 안쪽은 천국 같은 땅이 될 거야.

파도가 세차게 밀려와 제방을 갉아먹는다 해도
협동하는 마음, 급히 구멍을 막아버릴 게다.
그렇다! 이 뜻을 위해 나는 모든 걸 바치겠다.
지혜의 마지막 결론은 이렇다.
자유도 생명도 날마다 싸워서 얻는 자만이
그것을 누릴 자격이 있는 것이다.
위험에 둘러싸이더라도 여기에선
남녀노소가 모두 값진 나날을 보내는 것이다.
나는 이러한 군중을 지켜보며,
자유로운 땅에서 자유로운 백성과 살고 싶다.
그러면 순간을 향해 이렇게 말해도 좋으리라.
<멈추어라, 너 정말 아름답구나!>
내가 세상에 남겨놓은 흔적은
영원히 사라지지 않을 것이다—
이같이 드높은 행복을 예감하면서
지금 최고의 순간을 맛보고 있노라.[16] (11559-11586)

독일어 원문은 11574-11585행을 제시한다.

Das ist der Weischeit letzter Schluß:
Nur der verdient sich Freiheit wie das Leben,

16) 정서웅, 위의 책, 363-364쪽에서 인용함.

Der täglich sie erobern muß.
Und so verbringt, umrungen von Gefahr,
Hier Kindheit, Mann und Greis sein tüchtig Jahr.
Solch ein Gewimmel möcht' ich sehn,
Auf freiem Grund mit freiem Volke stehn.
Zum Augenblicke dürft' ich sagen:
Verweile doch, du bist so schön!
Es kann die Spur von meinen Erdetagen
Nicht in Äonen untergehn. —
Im Vorgefühl von solchem hohen Glück
Genieß' ich jetzt dem höchsten Augenblick.

파우스트의 마지막 모놀로그에 있어서 그의 유토피아적 비전에 대해서는 긍정적 시각과 부정적 시각이 엇갈리고 있다. 여기서는 파우스트의 비전을 부정적 관점에서 고찰하기로 한다.

이 모놀로그에서 우리는 생시몽주의와의 연관성과 그것에 내재된 공리주의적 문제점을 찾아 볼 수 있다.

노년의 괴테는 생시몽주의를 연구한 것은 사실이지만 생산력의 발전이 곧 역사의 진보라는 생시몽주의자들의 주장에는 허구성과 특이한 종교적 분파성이 내포되어 있다고 판단하여 비판적 거리를 유지하였다.

인간에 의한 인간의 지배도 문제이지만 인간에 의한 자연의 지배는 더욱 심각한 파국을 몰고 올 수 있는 것이다. 파우스트의 간

척사업, 날마다 싸워서 얻는 자유와 생명, 자유로운 땅에서 자유로운 백성들과 함께 살고 싶다는 유토피아적 비전도 파우스트의 에고이즘에서 비롯된 공리주의적 사고의 결과로 해석해 볼 수 있다.

파우스트의 마지막 독백을 통해서 괴테는 폭력적 혁명을 배제하는 진보적인 시민 사회를 특징짓고 있으며, 지금까지 파우스트가 이룩한 높은 경제적 생산성도 사람들을 어떤 한 귀족의 종들로 전락시키지 않는 전제조건 아래에서 가능하다는 점을 부각시킨다.

괴테가 "자유로운 땅과 자유로운 백성"(11580)이라는 말을 파우스트의 마지막 독백에 삽입해 놓은 것은 미국 독립선언, 프랑스 혁명, 프로이센의 농노제도 폐지시기에 살았던 그의 독자들의 의식을 고취하려는 의도에서였다.

괴테는 악 자체, 모든 전쟁, 혁명, 당파싸움의 근원을 규명하려고 노력했다. 그는 이 지구상의 모든 위험들을 매우 현실적으로 관찰했다.

오늘날 우리는 위험으로 가득 찬 세계에 살고 있다. 현대인의 삶은 '문명의 화산위에서 살아가기'이다. 현대사회에서 부의 사회적 생산에는 반드시 위험의 사회적 생산이 뒤따르기 때문에 우리 인간에게 안락과 편리함을 가져다 준 물질문명이란 언제 폭발할지 모르는 위험이 잠재된 화산과 같다.[17] 파우스트 2부에 있어서

---

17) U. Beck: Risikogesellschaft. Frankfurt a.M.,1986, 23쪽.

풍자, 알레고리, 상징을 통하여 괴테는 현대 위험사회의 병리학적 여러 징후들을 시대를 앞서가는 예언자적 혜안으로 직시하였고, 이를 엄중 경고하고 있는 것이다.

모든 파국, 지구촌의 위험, 문명의 위험, 물신주의, 이기주의 등은 인간이 지성적인 것을 탐하여 신적인 것, 즉 진정한 자아의 추구를 단념하였기 때문에 생겨난 것이다.

그러나 모든 악과 불행은 인간이 높고 높은 현존재를 향하여 부단히 정진한다면 또다시 선, 이상, 신성으로 회복될 수 있다. 파우스트문학 전체를 통하여 볼 때 파우스트 인물은 극기자로서 혹은 자기완성자로서 나타나 있다.

주인공 파우스트는 특히 마지막 '심산유곡' 장면에서 끊임없이 내적변화를 체험한다. 파우스트라는 형상은 역동적이고, 생성, 소멸을 거듭하는 존재이다.

세 신부, 마리아 숭배 박사, 천사들의 언어에서 사후에까지도 지속되는 무한한 정화, 성숙, 완성의 과정이 제시되고 있다.

괴테는 죽음의 공포로부터 벗어날 수 있다고 강조하면서 우리의 정신은 파괴될 수 없는 본성을 지니고 있으며 영원에서 영원으로 계속 작용하는 본질이라는 것이다. 그러나 영속적 존재란 저절로 생기는 것이 아니다. 인간은 죽지 않는 것은 아니지만 극기의 힘과 실천적 행위를 통하여 불멸성을 획득할 수 있다. 영속적 존재에 대한 확신은 행위의 개념으로부터 생겨난다는 것이 괴테의 신념이다.

아리스토텔레스는 엔텔레키 Entelechie 개념을 완성의 상태 내에 처해 있는 것이라고 불렀다. 괴테는 첼터 Zelter에게 쓴 편지에서 엔텔레키적인 개체는 부단한 행위 속에서만 유지되는 것임에 틀림없다고 역설하고, 엑커만에게 보낸 글에서도 자연은 엔텔레키 없이는 존속할 수 없으므로 우리의 영속적 존재를 확신한다고 주장했다.[18)]

5.4. 매장

'매장' 장면에서 파우스트의 영혼을 놓고 메피스토와 천사들 사이에 격전이 벌어진다. 천사들이 부드러운 노래를 부르면서 장미꽃을 부리면 그것이 불꽃이 되어 악마들을 태워 지옥에 떨어지게 한다. 장미꽃은 천상적 사랑과 신적인 빛에 대한 상징이다. 괴테 문학에서 장미는 더없이 아름다운 것, 완전성에 대한 상징이다. 그래서 천사들은 파우스트의 불멸의 영혼을 악마들로부터 빼앗아 승천하는 것이다. 자색에서 괴테는 색깔의 상징적 힘을 보았다. 적색은 존엄의 색이자 최고에 달한 승화의 표현이다. 『파우스트』에서 뿐만 아니라 다른 많은 시작품들에서도 장미꽃이 자주 등장하는 것은 바로 이런 이유에서이다.

18) Eckermann: Gespräch mit Goethe vom 2. Mai 1824, 4. Feb. 1829.

5.5. 심산유곡

이 장면에서는 구원의 문제가 중심점에 서 있다. 구원이란 자유롭게 하는 것, 엔텔레기가 지상적인 것, 경직된 것, 어두운 것, 메피스토적인 것으로부터 분리되는 것, 그리고 밝은 것, 정신적인 것, 신적인 것으로의 용해를 뜻한다. 더 나아가 구원은 정신의 순수성 시현이다. 결국 구원이란 양극성을 통한 승화라고 단정할 수 있다.

법열에 잠긴 교부는 치열한 자기부정과 자기희생을 통한 영혼의 정화와 자기완성을 갈망하는 이상적 인간상의 한 전형으로 볼 수 있다.

괴테는 이 장면에서 세 교부들을 등장시켜 정신적 완성과 상승의 순간을 세 가지 방식, 즉 법열적 방식, 명상적 방식 그리고 내면화하는 행동을 통해 표현하고 있다.

이 장면의 모든 인물들은 보다 높은 현실을 향한 비상을 목표로 하고, '신비의 합창'에서는 영원한 사랑의 작용방식인 분리, 결합, 변형, 상승, 다시 말하면 사랑의 변증법에 의해 모든 것을 합일시키는 총체성이 서술된다. 이러한 모든 현실의 총체성은 "영원히 여성적인 것"에 의해 완결될 수 있는 것이다.

방황하며 정진하고 행동하는 것, 그리고 폭력적인 것이 '영원히 남성적인 것'으로 서술되는 반면에, 자비롭고 구제하는 사랑은 12110 행에서 여성적 형식의 메타포에 의해 '영원히 여성적인 것'으로 나타난다.[19] 이는 어디까지나 괴테가 남성적인 것을 여성적인 것과 대비시키기 위한 서술기법이지 남성적인 것에 어떤 부정적 가치판단을 내리는 것은 결코 아니다.

괴테의 "이상적 여성성 Ideal-Weibliches"이라는 주장은 여성들의 형상 자체에 내재된 완전성을 일컫는 것으로, 지금까지 남성들 중심으로 이룩해 놓은 인류의 역사와 사회 발전 그리고 문명에 대한 괴테의 시대 비판적 성찰로 볼 수 있는데, 이는 혁명과 전쟁으로 점철된 격동기를 몸소 겪은 괴테로서는 당연한 발언일 것이다.

근대 인간의 오만과 목적 만능주의에 의한 진보사상의 극단화, 인간에 의한 자연의 지배 등과 같은 시대 비판적 주제성을 제시한 괴테는 마지막 장면에서 시공을 초월해 통용될 수 있는 이상적 인간상을 부각시키는 것이다. 괴테는 그의 근본사상인 양극성과 상승 그리고 변형사상에 근거하여 인간은 끊임없는 분리와 통합, 형성과 변형을 거듭함으로써 이상적 자아를 실현시킬 수 있다고 본다.

『파우스트』 2부를 구상할 당시 괴테의 개요에 따르면 『파우스트』 2부의 기본골격은 "외부세계를 향한 행위의 희열"과 "의식을 통한 희열, 아름다움" 그리고 "내면으로부터의 창조의 희열"로 함축된다.[20]

『파우스트』 2부의 마지막 장면에서 파우스트의 구원도 끊임없

---

19) 안진태: 파우스트의 여성적 본질. 서울 1999, 113쪽 참조.
20) HA. Bd.3, 430쪽.

이 지향하는 노력과 행위를 통해서 이루어진다(11936). 파우스트 작품 전체에서 볼 때 비록 주인공 파우스트가 때로는 어두운 충동 속에서 죄과를 범할지라도 그것은 어디까지나 인간의 본성에 내재된 동물적 성향의 일면으로 높고 높은 존재를 향한 실천적 행위가 부단히 이어진다면 그의 영혼은 불멸성을 획득할 수 있다. 작품전체의 대단원의 막을 내리는 이 장면에서는 사랑과 구원의 문제가 핵심이다.

열락에 잠긴 교부

(아래위로 떠다니며)

영원한 열락의 불길
불타는 사랑의 인연
들끓는 가슴의 아픔
솟구치는 신의 기쁨
화살이여, 날 꿰뚫어라.
창이여, 날 찔러라.
몽둥이여, 날 박살내어라.
번갯불이여, 날 태워버려라!
참으로 허망한 것
모조리 쓸어버리고,
영원한 사랑의 핵심인
영원한 별을 빛나게 하라. (11854-11865)

PATER ECSTATICUS, auf und ab schwebend.

Ewiger Wonnerbrand,
Glühendes Liebeband,
Siedender Schmerz der Brust,
Schäumende Gotteslust.
Pfeile, durchdringet mich,
Lanzen, bezwinget mich,
Keulen, zerschmettert mich,
Blitze, durchwettert mich!
Daß ja das Nichtige
Alles verflüchtige,
Glänze der Dauerstern,
Ewiger Liebe Kern.

천사들

(파우스트의 불멸의 영혼을 인도하며, 보다 높은 대기 속을 떠돈다)

영들의 세계에서 고귀한 한 사람이
악으로부터 구원되었다.
언제나 정진하며 노력하는 사람을
우리는 구원할 수 있다.
그에겐 천상으로부터
사랑의 은혜가 내려졌으니,

축복받은 무리가 그를
진심으로 환영하게 되리라.(11934-11941)

ENGEL schwebend in der höhern Atmosphäre, Faustens Unsterbliches tragend.

Gerettet ist das edle Glied
Der Geisterwelt vom Bösen,
Wer immer strebend sich bemüht,
Den können wir erlösen.
Und hat an ihm die Liebe gar
Von oben teilgenommen,
Begegnet ihm die selige Schar
Mit herzlichem Willkommen.

"이 시행들에 파우스트의 구원에 대한 열쇠가 들어 있다. 파우스트의 내면에는 점점 더 높아가고 순수해지는 활동성이 끝까지 남아있고, 위로부터는 그를 도와주려는 영원한 사랑이 쏟아진다. 이것은 우리의 종교적인 관념과 완전히 일치하는 것으로, 우리는 혼자의 힘으로 뿐만 아니라 다가오는 신적인 은혜를 통해서도 구원받을 수 있다."[21]

21) 괴테의 엑커만과의 대화, 1831. 6. 6.

속죄하는 한 여인

(한때 그레트헨이라 불렸던 여인, 성모에게 매달리며)

굽어보소서, 굽어보소서,
비할 데 없는 당신,
광명으로 가득 찬 성모님이시여.
자비로운 얼굴로 제 행복을 살펴주소서!
옛날에 사랑했던 그분,
혼미함이 사라진 그분이
돌아왔나이다. (12069-12075)

신비의 합창

일체의 무상한 것은
한낱 비유일 뿐,
미칠 수 없는 것,
여기에서 실현되고,
형언할 수 없는 것,
여기에서 이루어진다.
영원히 여성적인 것이
우리를 이끌어 올린다. (12104-12111)

CHORUS MYSTICUS.

Alles Vergängliche
Ist nur ein Gleichnis;
Das Unzulängliche,
Hier wird's Ereignis;
Das Unbeschreibliche,
Hier ist's getan;
Das Ewig-Weibliche
Zieht uns hinan.

제2부의 마지막 '심산유곡' 장면을 신비극, 아이러니, 패러디, 카톨릭적 모티브 등 다양한 관점에서 고찰해 볼 수 있다.

괴테는 파우스트 1부와 2부의 차이점을 다음과 같이 밝힌다.

> "제1부는 완전히 주관적인 것이나 다름없다. 모든 것이 보다 뭔가에 사로잡힌 보다 정열적인 개체로부터 생겨났다. 그러한 반쯤 어두운 것이 사람들에게 쾌감을 줄 수도 있다. 하지만 제2부에서는 주관적인 것이라고는 전혀 없다. 여기에는 보다 높고, 넓고, 밝고, 정열이 없는 세계가 나타나 있다. 따라서 무엇인가를 찾으려고 애쓰지 않고 체험하지 않은 사람은 이것을 어떻게 시작해야할지 아무것도 모를 것이다."[22)]

22) 엑커만, 괴테와의 대화, 1831년 2. 17.

제2장

서정시

제2장 서정시

Ⅰ. 사랑시

1. 5월의 축제

내게 자연은
되게 눈부셔!
태양도 눈부셔!
들판도 환한 미소!

나무 가지에선
꽃들이 피어 나와
숲 속에선
온갖 소리 울려 나와

우리들 마음에선
기쁨에 기쁨 터져 나와
오, 지구여, 태양이여,
오, 행복이여, 욕망이여,

오, 사랑, 사랑이여,
저 산 위
아침햇살에 빛나는
구름처럼 아름다워

싱싱한 들판엔
너의 축복 가득해
꽃들이 뿜어내는
가득한 세상!
오, 프리데리케!
널 정말 사랑해!
너의 눈동자 정말 빛나고
너도 날 정말 사랑해!

우리 사랑처럼 종달새도
노래와 바람 타고 날고
아침 꽃들 맑은 향기
대기에 가득하고

난 널 뜨겁게
사랑 한다
내게 젊음,
기쁨, 용기 줘

새롭게 노래 부르고
새롭게 춤추게 하는 너를!
네가 날 사랑하니
오래오래 행복하길!

MAIFEST

Wie herrlich leuchtet
Mir die Natur!
Wie glänzt die Sonne!
Wie lacht die Flur!

Es dringen Blüten
Aus jedem Zweig
Und tausend Stimmen
Aus dem Gesträuch

Und Freud' und Wonne
Aus jeder Brust.

O Erd', o Sonne,
O Glück, o Lust,

O Lieb', o Liebe,
So golden schön
Wie Morgenwolken
Auf jenen Höhn,

Du segnest herrlich
Das frische Feld—
Im Blütendampfe
Die volle Welt!

O Mädchen, Mädchen,
Wie lieb' ich dich!
Wie blinkt dein Auge,
Wie liebst du mich!

So liebt die Lerche
Gesang und Luft,
Und Morgenblumen
Den Himmelsduft,

Wie ich dich liebe

Mit warmem Blut,
Die du mir Jugend
Und Freud' und Mut

Zu neuen Liedern
Und Tänzen gibst.
Sei ewig glücklich,
Wie du mich liebst.[1)]

괴테가 슈트라스부르크 대학생일 때 사랑한 여자 친구 프리데리케 브리온에게 보낸 연시로 강렬하고 생동감 넘치는 질풍노도 문체가 돋보인다. 그녀는 슈트라스부르크 근교 전원마을 제젠하임에 살고 있던 목사의 딸로, 괴테에게는 정말로 이 시골 하늘에 떠있는 가장 아름다운 별, 그야말로 별에서 온 그대였고, 우아하고 티 없이 맑은 모습이었다.

이 시에서 두 사람이 서로 행복한 사랑을 나눴던 교감을 자연과 인간의 서로 스며듦으로 묘사하고 있다. 자연이 황홀하게 빛나고, 겨울을 이겨내고 꽃들이 움터 나오고, 들판도 미소 짓고 있다.

눈이 부시게 찬란한 봄날에 사람들의 마음엔 기쁨이 가득하다. 행복과 의욕이 꿈틀거리고, 사랑이 차오른다. 사랑이 온 세상에

1) 독일어 원문은 HA. Bd.1에서 인용함.

가득하여 순간이 영원으로 이어지는 듯하다. 사랑의 힘은 새롭고 싱싱한 삶을 살아내게 한다.

펄떡이는 물고기 같은, 싱싱하게 몸부림치는 가물치 같은 문체로 질풍노도의 감성을 섬세하게 터치하고 있다.

이성이 아닌 감성이야말로 새로운 삶의 중심축이라는 것을, 개별적이고 주관적인 삶의 권리를 이 시는 부각시킨다. 부드럽고 따뜻한 감성의 떨림과 울림이 절실한 오늘날 괴테의 이 시는 더욱 그립다.

괴테는 프리데리케에게 또 한 편의 시를 보낸다. 이번에는 그 당시에 유행하던 리본에 꽃잎을 그려 넣고 시를 한 수 써서 사랑을 전한다.

2. 리본에 꽃잎 그려

상큼한 봄은 경쾌한 손으로
아담한 꽃들과 꽃잎들을
엷은 리본위에 썸타듯
내게 뿌려준다.

바람아 그 리본 나래에 싣고 가
프리데리케 옷에다 감아주렴!

거울 앞에 서 있는
되게 생생한 프리데리케.

넌 숱한 장미꽃들 가운데서
빼어난 싱싱한 장미꽃 한 송이
단 한 번 눈길로 사랑받는 삶이여!
난 정말 행복한 사람.

이 심장이 느끼는 걸 느껴 주오
너의 손 내게 한껏 내밀어 주오
너와 날 맺어주는 리본이
가냘픈 장미꽃 리본이 아니길!

Mit einem gemalten Band

Kleine Blumen, kleine Blätter
Streuen mir mit leichter Hand
Gute junge Frühlingsgötter
Tändelnd auf ein luftig Band.

Zephir, nimm's auf deine Flügel,
Schling's um meiner Liebsten Kleid!
Und so tritt sie vor dem Spiegel
All in ihrer Munterkeit.

Sieht mit Rosen sich umgeben,
Selbst wie eine Rose jung:
Einen Blick, geliebtes Leben!
Und ich bin belohnt genung.

Fühle, was dies Herz empfindet,
Reiche frei mir deine Hand,
Und das Band, das uns verbindet,
Sei kein schwaches Rosenband!

어느 날 괴테가 달밤에 말을 타고 여친 프리데리케가 살고 있는 제젠하임으로 달려가 밀애를 즐겼는데 그때의 감정을 이렇게 시화한다.

3. 만남과 이별

심장이 벌렁거렸네, 어서 말을 타야지!
나도 모르게 말을 타고 있었다.
저녁은 이미 대지를 잠재웠고,
산기슭엔 어둠이 깔렸다.
안개 속의 떡갈나무
거인처럼 서 있는 곳,
숱한 까만 눈동자로

어둠은 덤불 속에서 응시하고 있었다.

구름 덮인 언덕에 떠오른 달
안개 속에서 슬프게 응시하고 있었다.
바람이 살며시 나래를 퍼덕여
무섭게 윙윙거리며 내 귀를 스쳐 갔다.
밤이 수천의 괴물을 만들었어도,
내 마음 상쾌하고 기뻤다.
불꽃같은 내 혈관!
불길같은 내 심장!

그대를 응시하니, 그대의 달콤한 시선에선
사랑에 찬 기쁨의 빛 흘러나왔다.
내 마음 온통 그대 곁에 있었고
나의 호흡도 그대를 위한 것이라오.
장밋빛 봄 햇살이
사랑스런 얼굴을 감돌았고,
넘치는 사랑도 나를 위한 것, 그대 신들이여!
그걸 바랬지만, 내겐 과분한 것이었다.

아, 벌써 아침이 밝아 오니,
이별로 죄어드는 내 가슴.
그대의 키스, 한없는 희열!
그대의 눈망울, 뼈저린 고통!

나는 떠나는데, 그대는 선 채 고개 떨구고
끝없는 눈물로 나를 떠나보냈으니,
사랑받음은 더없는 행복 아닌가!
사랑하는 것도, 신들이여, 얼마나 큰 행복인가!

이 시의 제목 중 'Willkommen'을 직역하면 '환영'이지만 내용면에서 '만남'으로 번역하는 것이 매끄럽다. 독일어 원문은 주요 부분들만 발췌해 본다.

Willkommen und Abschied

In meinem Adern welches Feuer!
In meinem Herzen welche Glut!

Dich sich ich, und die milde Freude
Floß von dem süßen Blick auf mich;
Ganz war mein Herz an deiner Seite
Und jeder Atemzug für dich.
Ein rosenfarbnes Frühlingswetter
Umgab das liebliche Gesicht,
Und Zärtlichkeit für mich—ihr Götter!
Ich hofft es, ich verdient es nicht!

Doch ach, schon mit der Morgensonne

Verengt der Abschied mir das Herz:
In deinen Küssen welche Wonne!
In deinem Auge welcher Schmerz!
Ich ging, du standst und sahst zur Erden
Und sahst mir nach mit nassem Blick:
Und doch, welch Glück, geliebt zu werden
Und lieben, Götter, welch ein Glück!

괴테는 여자 친구와의 사랑이 오래 지속될 수 없으리라 예감했는지, 둘을 묶어주는 리본이 가냘프지 않은 사랑의 밧줄이길 바랐지만 사랑의 유통기한은 1년 정도였다. 괴테는 프리데리케 곁에서 행복과 불안을 동시에 느꼈고, 오히려 그녀와 떨어져 있을 때 자유로움을 맛보았다. 과연 괴테는 장거리 연애 선수인가 아니면 어느 한 여성에게 오래 머물 수 없는 유목민적 기질을 타고난 것인가?

1771년 8월 6일에 괴테는 프리데리케를 마지막으로 찾아간다. 물론 그녀를 다시 찾지 않을 것이라는 속내를 밝히지 않았다. 프랑크푸르트에서 그는 자신의 미래에 대한 불확실성 때문에 결별의 편지를 보냈는데, 그녀는 격한 고통과 상실감을 겪게 되었고, 괴테도 슬픔에 잠겨 뉘우치면서 사랑의 기억들을 써내려갔다.

"나의 이별 통보에 대한 프리드리케의 답장은 내 가슴을 찢어놓았다. 나는 그녀가 겪었던 상실감을 느꼈다. 그 상실감을 보상

하거나 완화해 줄 방법이 없었다. 그녀는 내게 있는 듯 없는 듯했다. 내 자신의 불행을 받아들일 수 없었다. 나는 가장 아름다운 마음의 가장 깊숙한 곳에 상처를 입혔다. 행복했던 사랑의 결핍으로 고통스러워 정말 견딜 수 없었다."[2)]

괴테의 여친 입장에서는 너무 아픈 사랑이었다. 그녀는 괴테에 대한 애증으로 이빨을 갈면서 비혼족으로 살아간다. 괴테는 죄책감에 사로잡혀 그녀에게 바치는 참회의 시들을 쓰지만 때는 늦으리.

"사랑의 대상은 바뀔 수 있다. 예전의 열정이 채 사라지기 전에 새로운 열정이 솟아나는 건 되게 기분 좋은 느낌이다. 해가 질 때 달이 떠오르는 것을 바라보며 두 가지 천상의 빛이 동시에 발산하는 두 줄기 광채를 기쁘게 누린다."[3)]

남녀 사이에서 이러한 괴테의 기질은 오늘날 양다리 걸치기나 어장관리와 연결된다. 괴테에게서 신의 한 수 같은 사랑의 기술을 배워보는 것은 어떨까?

괴테는 26세 때 프랑크푸르트에서 16세인 릴리 쇠네만과 열정적인 사랑에 사로잡혀 만난 지 3개월 만에 약혼까지 하게 된다.

2) 송동준 옮김: 괴테. 한길사 1998, 51-52쪽 참조.
3) 이은희 편역: 내 인생을 바꿔준 괴테의 말 한마디. 예문 2007, 7쪽 참조.

그러나 약혼한 지 한 달도 안 되어서 후회하여 결국 6개월 후 파혼한다. 그의 인생에서 릴리와 가장 격정적이고 가장 행복한 시절을 보냈으나 가정에 얽매이게 될 것이라는 두려움 때문에 결혼에서 도피한다. 새장에 갇힌 새 같은 신세로 전락하는 것을 꺼려했다. 과연 결혼은 연애의 무덤인가?

> "자유를 갈망하는 마음의 소용돌이가 가정의 행복이라는 항구로 가까이 가려는 삶의 배를 다시금 먼 바다로 밀어냅니다."[4]

배가 항구에 정박해 있으면 안전은 하지만 배의 존재이유는 없듯이 괴테는 만날 때 이미 이별을 구상하는 지도 모른다. 그에게 이별은 자유로운 세상으로 떠남을 의미한다. 릴리 없이 나날을 보낼 수 있는가를 시험해 보려고 괴테는 '베르테르의 패션'[5] 컨셉으로 스위스로 여행을 떠났다. 스위스의 자연 풍경들을 감상하면서 릴리에 대한 기억을 더듬어 본다.

4. 아름다운 릴리여

아름다운 릴리여, 너는 오랫동안

---

4) 괴테가 헤르더에게 보낸 편지. 이은희, 위의 책, 9쪽 참조.
5) 푸른 연미복, 노란 조끼, 가죽 반바지, 목이 밖으로 젖혀지는 장화, 회색의 둥근 펠트모자

내 모든 기쁨과 노래였는데
아, 이젠 내 모든 고통이 되었다.
그럼에도 넌 여전히 내 모든 노래이다.

아름다운 골짜기와 설원에서
항상 네 모습이 내 곁에 있었다.
마음과 마음이 서로 끌어당기지만
사랑이 사랑으로부터 벗어나려고
발버둥 치는 것을 여기서도 난 느낀다.

Holde Lili, warst so lang
All meine Lust und all mein Sang.
Bist, ach, nun all mein Schmerz — und doch
All mein Sang bist du noch.

Im holden Tal, auf schneebedeckten Höhen
War stets dein Bild mir nah ;
Ich sah's um mich in lichten Wolken wehen,
Im Herzen war mir's da.
Empfinde hier, wie mit allmächt'gem Triebe
Ein Herz das andre zieht,
Und daß vergebens Liebe
Vor Liebe flieht.

5. 산에서

릴리여, 내가 널 사랑하지 않는다면
이 풍경이 무슨 기쁨이겠니!
릴리여, 내가 널 사랑하지 않는다면
내 행복을 어디에서 찾겠니?

VOM BERGE

Wenn ich, liebe Lili, dich nicht liebte,
Welche Wonne gäb' mir dieser Blick!
Und doch, wenn ich, Lili, dich nicht liebte,
Fänd' ich hier und fänd' ich dort mein Glück?

6. 새로운 사랑, 새로운 인생

마음, 내 마음아, 무슨 말을 하려는지,
왜 이리도 마음이 답답할까?
얼마나 얼떨떨한 새로운 삶인가.
이젠 널 알아 볼 수 없구나.
사랑했던 모든 것들,
속상했던 모든 일들,

활동과 휴식마저도 사라졌다.
아, 어찌 이렇게 되었을까?

널 묶어 두는 것은
꽃 같은 청춘, 예쁜 모습,
한결같은 참한 눈길,
바로 이것이던가?

힘껏 재빨리
벗어나려 해도
맥없이 한순간에
그녀 곁으로 돌아가고 만다.

끊어질리 없는
마법의 실로
귀엽고 발랄한 소녀는
나를 꼼짝 못하게 묶고 만다.
그녀의 마법 같은 동그라미 속에 갇혀
난 이제 그녀 스타일로 살아야 하니,
내 인생, 아, 몰라보게 달라졌네!
사랑아, 사랑아, 나를 풀어다오.

NEUE LIEBE, NEUES LEBEN

Herz, mein Herz, was soll das geben,
Was bedränget dich so sehr?
Welch ein fremdes neues Leben —
Ich erkenne dich nicht mehr.
Weg ist alles, was du liebtest,
Weg, worum du dich betrübtest,
Weg dein Fleiß und deine Ruh —
Ach, wie kamst du nur dazu?

Fesselt dich die Jugendblüte,
Diese liebliche Gestalt,
Dieser Blick voll Treu und Güte
Mit unendlicher Gewalt?
Will ich rasch mich ihr entziehen,
Mich ermannen, ihr entfliehen,
Führet mich im Augenblick
— Ach — mein Weg zu ihr zurück.

Und an diesem Zauberfädchen,
Das sich nicht zerreißen läßt,
Hält das liebe lose Mädchen

Mich so wider Willen fest.
Muß in ihrem Zauberkreise
Leben nun auf ihre Weise ;
Die Verändrung, ach, wie groß!
Liebe, Liebe, laß mich los!

괴테는 릴리를 사랑하지만 얽매임은 그의 모든 힘을 질식시키고 영혼의 모든 용기를 빼앗긴다고 생각했다.

바이마르공국의 통치자인 아우구스트 공작의 초청으로 괴테는 바이마르에 가서 10년 정도 고위 관리직인 추밀 고문관으로 여러 분야에서 왕성한 활동을 한다.

괴테는 바이마르에서 활동할 때 7년 연상의 슈타인 부인을 알게 되었다. 궁정 여성 관리였던 슈타인 부인의 맑은 인품과 시크한 매력에 반해 그녀에게 붙어서 둥지를 틀고 있는 것 같았다. 슈타인 부인의 차가운 아름다움에서 뿜어 나오는 영원한 여성적 사랑을 괴테는 온 몸으로 느끼며, 사랑이야말로 삶의 영액이며, 인간에게 결핍되어서는 안 될 필수 종합비타민으로 여겨진다. 괴테는 슈타인 부인의 영향으로 순수와 질서를 추구하게 된다. 그녀는 괴테의 젊은 혈기에 절제미를 심어 주었다.

7. 그침 없는 사랑

눈에, 비에
바람에 맞서
김서린 계곡의
몽롱한 안개를 뚫고
앞으로! 앞으로!
그침도 멈춤도 없이!

차라리 고통을
쳐부수며 나아가련다
그 많은 인생의 낙을
견디느니.
마음에서 마음으로 기우는
그 모든 애착,
아, 어찌 그리 독특하게
애착은 고통을 만드는지!

어떻게 도망치란 말인가?
숲으로 가란 말인가?
모두가 부질없는 짓!
인생의 정수,
멈춤 없는 행복

사랑아, 바로 너로구나![6]

RASTLOSE LIEBE

Dem Schnee, dem Regen,
Dem Wind entgegen,
Im Dampf der Klüfte,
Durch Nebeldüfte,
Immer zu! Immer zu!
Ohne Rast und Ruh!

Lieber durch Leiden
Möcht' ich mich schlagen,
Als so viel Freuden
Des Lebens ertragen.
Alle das Neigen
Von Herzen zu Herzen,
Ach wie so eigen
Schaffet das Schmerzen!

Wie — soll ich fliehen?

6) 전영애 옮김: 괴테 시 전집. 민음사 2009, 225쪽에서 그대로 인용함.

Wälderwärts ziehen?
Alles vergebens!
Krone des Lebens,
Glück ohne Ruh,
Liebe, bist du!

8. 왜 그대 우리에게 깊은 시선을

이 시의 주요 시행들을 감상해 본다.

행복하여라, 허황한 꿈에 골몰하는 이!
행복하여라. 예감이 빗나가는 이!
한 번 한 번의 만남, 하나하나의 눈길에서
애석하게도 우리의 꿈과 예감은 더욱 굳어질 뿐.
말하라, 운명은 우리에게 무엇을 마련해 주는 건가?
말하라, 운명은 우리를 어떻게 이렇듯
꼭 맞게 묶어 놓았는가?
아, 그대는 전생에
나의 누이 아니면 나의 아내였다.

그대는 내 존재 전부를 알았습니다,
어떻게 가장 순수한 현이 울리는지도 엿보았습니다,

눈길 하나로 나를 읽을 수 있었습니다,
인간의 눈이 간파하기는 어려운 시선으로.
뜨거운 피에다 절제를 방울방울 떨어뜨려 주었고
길 잃은 거친 걸음을 바로잡아 주었습니다.
부서진 가슴은 그대 천사의 품 안에서
다시 안식을 취했습니다.[7)]

독일어 원문은 이 시의 핵심부분인 제3연과 제4연만을 제시한다.

Glücklich, den ein leerer Traum beschäftigt!
Glücklich, dem die Ahndung eitel wär!
Jede Gegenwart und jeder Blick bekräftigt
Traum und Ahndung leider uns noch mehr.
Sag, was soll das Schicksal uns bereiten?
Sag, wie band es uns so rein genau?
Ach, du warst in abgelebten Zeiten
Meine Schwester oder meine Frau;

Kanntest jeden Zug in meinem Wesen,
Spähtest, wie die reinste Nerve klingt,

7) 전영애, 위의 책 223 쪽에서 그대로 인용함.

Konntest mich mit einem Blicke lesen,
Den so schwer ein sterblich Aug durchdringt.
Tropftest Mäßigung dem heißen Blute,
Richtetest dem wilden irren Lauf,
Und in deinen Engelsarmen ruhte
Die zerstörte Brust sich wieder auf.

9. 슈타인 부인에게 보내는 편지 시

우리가 태어 난 곳은 어디인가요?
사랑에서요.
우리가 어떻게 사라질까요?
사랑이 없어지면요.
우리를 이겨내도록 도와주는 것은요?
사랑이지요.
사랑은 찾아낼 수 있는가요?
사랑을 통해서 지요.
오래 동안 울지 않게 하는 것은요?
사랑이지요.
무엇이 늘 우리를 이어주는가요?
사랑이지요.

Woher sind wir geboren?

Aus Lieb'.

Wie wären wir verloren?

Ohn' Lieb'.

Was hilft uns überwinden?

Die Lieb'.

Kann man auch Liebe finden?

Durch Lieb'.

Was läßt nicht lange weinen?

Die Lieb'.

Was soll uns stets vereinen?

Die Lieb'.

괴테는 슈타인 부인에게 1,800여 통의 편지를 보내면서 서로 교류했다. 그녀 쪽으로 기우는 모든 애착은 고통이지만 사랑은 인생의 에센스이며 멈추지 않는 행복이라고 고백한다.

유부녀인 슈타인 부인을 사랑해서는 안 되지만 괴테는 그녀를 무척 사랑하고 있음을 느낀다. 그는 사랑의 맑음과 사랑의 힘 속에서 살고 있으며 사랑의 기쁨은 고통이다. 이루어질 수 없는 사랑으로 살아간다. 그의 삶은 그녀의 삶에 매달려 있다. 그는 기쁨과 고통 사이를 외롭게 거닐고 있다. 그녀는 괴테에게 멘토와 같은 영향을 미쳐 괴테는 질풍노도에서 벗어나 고전주의로 접어들면서 이성과 감성, 정신과 육체 사이의 대립과 갈등을 조화와 균형으로 승화시켜 아름다운 영혼을 갖춘 사람다운 사람을 형성하는데 몰입한다.

괴테는 39세 때 이탈리아여행에서 다시 바이마르로 돌아와서 평민 출신인 23세의 크리스티아네 불피우스와 사랑을 불 피운다. 18년간의 동거 생활 끝에 마침내 결혼하는데, 그녀는 생기발랄하고 섬세하고 집안일을 잘하는 현모양처 스타일로 괴테를 편안하게 해 주었다. 괴테의 대학시절 연애가 생김치나 겉절이 맛이라면, 크리스티아네와의 사랑은 묵은지 맛이다. 뜨내기 사랑이냐 순정파 사랑이냐, 그것이 문제다.

10. 찾았다

나 홀로
숲 속을 거닐었다.
아무것도
찾을 생각 없었다.

그늘 속에 피어 있는
한 송이 꽃 보았다.
별처럼 빛나고
눈망울처럼 예쁜 꽃.

꺾으려니
가냘프게 속삭였다.
꺾여 시들면
직성이 풀리겠어요?

뿌리째 파내 보니
참 참하다.
아담한 집 정원으로
그 꽃을 가져 왔다.

한적한 자리 골라
다시 심어 놓으니
때가 되면 가지 쳐서
늘 피어 있다.

Gefunden

Ich ging im Walde
So für mich hin,
Und nichts zu suchen,
Das war mein Sinn.

Im Schatten sah ich

Ein Blümchen stehn,
Wie Sterne leuchtend,
Wie Äuglein schön.

Ich wollt es brechen,
Da sagt es fein :
Soll ich zum Welken
Gebrochen sein?

Ich grub's mit allen
Den Würzlein aus,
Zum Garten trug ich's
Am hübschen Haus.

Und pflanzt es wieder
Am stillen Ort ;
Nun pflanzt es immer
Und blüht so fort.

괴테가 아내를 위해 쓴 시이다. 그녀는 서민 출신으로 괴테와는 신분차이가 극명했으나 두 사람은 자석처럼 서로를 끌어 당겼다. 에너제틱한 끌어당김 없이 어떻게 애정이 꽃피겠는가. 서로를 통제 불능한 상태로 몰고 가는 것이 사랑의 불꽃이 아닌가. 그러기에 니체는 "불꽃처럼 끝없이 타올라 스스로를 소진시킨다"[8]고 외치지 않았는가.

그녀가 먼저 세상을 떠나자 괴테는 슬픈 나날을 보냈고, 아내를 잃고 나서 사랑을 고통이 대부분인 두툼한 기이한 책에 비유한다. 책장을 넘길 때마다 연인과의 아름다웠던 추억들이 살아나 그리움의 둑을 쌓고, 그리움의 둑이 무너지기 전에 그리운 사람을 만나야 하지만 만날 수 없을 때 그리움의 끝은 몸서리치는 고통이다. 아롱아롱 그리운 모습은 사랑의 고통이다.

11. 그리움

그리움이 뭔지 아는 사람만이
나의 아픔을 알겠지!
모든 기쁨이 사라진 지금
저 머나먼 하늘가를 쳐다본다.
아! 나를 잘 알고 사랑해 주는 사람은
저 머나먼 곳에 있다.
속이 울렁거리며 어지럽다.
그리움이 뭔지 아는 사람만이
나의 아픔을 알겠지![9]

---

8) 니체의 시 『이 사람을 보라』 참조.

눈물 젖은 빵을 안 먹어 본 사람
숱한 밤을 걱정으로 지새워 본 적이 없는 사람은
천상의 힘들을 알 리가 없다.[10)]

Mignon

Nur wer die Sehnsucht kennt,
Weiß, was ich leide!
Allein und abgetrennt
Von aller Freude,
Seh' ich ans Firmament
Nach jener Seite.
Ach! der mich liebt und kennt,
Ist in der Weite.
Es schwindelt mir, es brennt
Mein Eingeweide.
Nur wer die Sehnsucht kennt,
Weiß, was ich leide!

9) 미농의 노래, 괴테의 소설 『빌헬름 마이스터의 수업시대』 제4장에 나오는 시.
10) 하프 켜는 노인이 부르는 노래, 괴테의 소설 『빌헬름 마이스터의 수업시대』 제13장에 나오는 시.

이 시들은 괴테의 교양소설 『빌헬름 마이스터의 수업시대』(1796)에서 미뇽과 하프 켜는 노인이 부르는 판타스틱 듀엣이다. 하프 켜는 노인은 미뇽의 아버지이지만 둘 다 그 사실을 알지 못하고 곡예단에서 함께 활동한다. 빌헬름이 자신의 생명을 구해준 여성인 나탈리에를 그리워하는 순간에 이 듀엣이 울려 퍼진다.

빌헬름은 유랑극단에서 미뇽을 만나게 된다. 미뇽 Mignon은 12-13세가량의 이탈리아 출신의 소녀로 유랑극단에서 곡예연기와 춤을 춘다. 어느 날 미뇽이 잘못 연기해 단장에게 야단맞고 있을 때 빌헬름은 그녀를 도와준다. 미뇽은 인간미 넘치는 빌헬름에게 불꽃같은 사랑을 느끼지만 빌헬름은 약혼녀 테레제가 있어서 이뤄질 수 없는 사랑이었다. 미뇽은 충격으로 인한 심장마비로 숨을 거둔다. 사랑하는 사람에 대한 그리움으로 죽음에 이르게 된 것이다.

그리움에 젖어 슬픈 예감과 눈물로 범벅이 된 채 밤을 하얗게 태울 때 세상만사에 찌들린 마음의 묵은 때가 빠져 나간다. 이럴 때 맑은 마음의 눈으로 바로 눈앞에 있는 것들을 제대로 볼 수 있다. 일상성에 함몰된 채 하루하루 힘겹게 살아가는 오늘날 사람들의 가슴 속에 섬광 같은 그리움이 자주 빛날 때 행복해 질 수 있고 시와 예술이 태어날 수 있다.

우리시대의 삶이 너무 팍팍하다. 양푼요리 팍팍 긁어 먹고 팍팍 힘내야 하는데 특히 청춘들이 힘들다. 괴테는 청춘들에게 "쓰러지는 거야 봐 줄 수 있다. 항상 높은 곳을 지향하라! 날기에는 몸이 무거울 수도 있지만, 노력은 마음먹기에 달려 있다"고 힘주어 말한다.

청춘들에게 고하는 괴테의 이 외침을 마슬로우 Maslow의 인간 욕구 5단계[11]와 연결하여 생각해 보면 어떨까? 빵을 얻기 위한 전쟁 같은 삶의 현장에서 밤하늘의 별들도 빵 하나 나하나로 보일 뿐인데 높은 곳을 향해 나아가는 삶이 가능할 것인가. 하지만 모든 것을 젊을 때 구해야 한다. 젊음은 그 자체가 하나의 빛이다. 빛이 흐려지기 전에 열심히 구해야 한다. 젊은 시절에 열심히 찾고 구한 사람은 늙어서 풍성하다.

대부분의 사람들이 의식주 기본욕구를 충족시키기 위해 평생을 살아내는 현실이다. 자아실현의 꿈은 허상인가 아니면 실상인가?

Ⅱ. 세계관 시

1. 희망

내 두 손으로 날마다 할 일들을
마무리해 낸다는 것은 커다란 행복이다.
지치지 않고 계속 밀고 나간다면

11) 의식주 기본욕구/ 안전욕구/ 사회적 욕구: 애정욕구, 집단 소속감/ 자존욕구: 존경욕구, 인정/ 자아실현 욕구: 성취감, 잠재능력 개발.

지금은 줄기여도 이 나무 머지않아
열매와 그늘을 줄 것이다.

한계상황에 맞닥뜨려도 절망 속에서 피어난 희망이 답이다. 연약한 희망이 아니라 삶의 거센 풍파 속에서 단단하게 단련된 희망을 붙잡고 삶을 살아가고 삶을 살아내는 것은 그 얼마나 커다란 성취인가. 우리가 경험한 모든 것에 감미로운 추억과 희망으로 양념을 쳐라. 희망은 세상의 사랑스러운 양념이다.

희망을 품고 살되 우리는 온몸으로 살아야 한다. 그래야만 생명의 큰 울림이 영혼 가득히 울릴 수 있고 우리가 느끼는 아픈 마음도 스스로 달래게 되리라.

그러나 인생을 살아가다 보면 희망이 사치스럽고 삶의 무게로 희망마저 버거울 때가 있다. 계속되는 맑은 나날만 제외하고 세상 모든 것은 버텨낼 수 있다. 우리는 각자의 운명을 세심하게 살펴 볼 필요가 있다.

2. 운명

운명을 거슬려서는 안 되지만
운명에서 줄행랑 쳐서도 안 된다!
네가 운명에게 손을 내밀면
운명도 너를 따뜻하게 안아 줄 것이다.

누구나 일생에 한 번은 꼭 들르게 되는 절인 우여곡절, 안절부절, 어리둥절한 상황에 처해 빼박캔트한 심경일 때 우리는 운명애를 떠올릴 필요가 있다. 사람들을 사랑할 뿐만 아니라 자신의 운명까지도 포용할 수 있을 때 삶은 풍요로워질 것이다. 괴테도 인생은 짓궂은 장난이요 무거운 짐이라고 느낀다. 사람마다 능력이나 재산이 차이나고 소망도 다르기 때문이다.

오늘날 성공 여부는 돈과 재산의 소유 정도에 달려 있는 듯하다. 물신의 힘은 지구촌을 지배하고 있다. 일찍이 영국의 시인 바이런도 돈만 많으면 상전이 없다고 하지 않았는가.

3. 보물 찾는 사람

주머니는 빈한하고, 가슴은 병든 채
질질 끌고 왔다, 나의 긴 세월을.
가난은 가장 큰 괴로움
부는 가장 큰 재산!
내 고통을 끝장내려고
나, 보물을 캐러 갔다.
"내 영혼을 대가로 가지라!"
라고 나의 피로 써넣었다.

그러고는 동그라미에 동그라미를 그리고

기이한 불꽃과
잡초와 뼈를 한데 모았으니
주문 읽기는 다 끝낸 것.
익힌 대로
나는 팠다, 옛 보물을 찾아
지시받은 자리에서.
밤은 캄캄하고 폭풍이 몰아쳤다.

막 열두 시가 쳤을 때
멀리서 한 줄기 빛이 보였다
빛은 별처럼 저 뒤쪽
아주 아득한 곳으로부터 왔다
그때 준비는 필요치 않았다
느닷없이 환해졌다
아름다운 소년이 든
가득 찬 잔의 광채로.

아리따운 눈이 빛나는 것이 보였다
촘촘한 꽃 화환 아래에서
음료가 뿜는 천상의 광채에 감싸여
소년은 원 안으로 들어섰다
그러고는 나에게 다정히 마시라고 하였다
나는 생각했다, 저 소년이

저런 아름답고 환한 천품을 지닌 소년이
정말이지 악인일 리 없다.

“순수한 삶의 용기를 마시라!
그러면 그대 가르침을 이해하여,
불안한 주문을 외며
이 자리로 되돌아오지 않으리.
여기서 더 이상 헛되이 파지 말라!
‘낮에는 일, 밤에는 손님들!
힘겨운 주일들, 즐거운 잔치들!’
이것이 장차 그대의 주문이 되게 하라!”[12]

DER SCHATZGRÄBER

Arm am Beutel, krank am Herzen,
Schleppt' ich meine langen Tage.
Armut ist die größte Plage,
Reichtum ist das höchste Gut!
Und zu enden meine Schmerzen,
Ging ich, einen Schatz zu graben.
„Meine Seele sollst du haben!“
Schrieb ich hin mit eignem Blut.

12) 괴테 시 전집, 전영애 옮김, 민음사 2009, 470-471 쪽에서 그대로 인용함.

Und so zog ich Kreis' um Kreise,
Stellte wunderbare Flammen,
Kraut und Knochenwerk zusammen :
Die Beschwörung war vollbracht.
Und auf die gelernte Weise
Grub ich nach dem alten Schatze
Auf dem angezeigten Platze :
Schwarz und stürmisch war die Nacht.

Und ich sah ein Licht von weiten,
Und es kam gleich einem Sterne
Hinten aus der fernsten Ferne,
Eben als es zwölfe schlug.
Und da galt kein Vorbereiten.
Heller ward's mit einem Male
Von dem Glanz der vollen Schale.
Die ein schöner Knabe trug.

Holde Augen sah ich blinken
Unter dichtem Blumenkranze;
In des Trankes Himmelsglanze
Trat er in den Kreis herein.
Und er hieß mich freundlich trinken;

Und ich dacht': es kann der Knabe
Mit der schönen lichten Gabe
Wahrlich nicht der Böse sein.

„Trinke Mut des reinen Lebens!
Dann verstehst du die Belehrung
Kommst mit ängstlicher Beschwörung
Nicht zurück an diesen Ort.
Grabe hier nicht mehr vergebens!
Tages Arbeit, abends Gäste!
Saure Wochen, frohe Feste!
Sei dein künftig Zauberwort.“

물욕과 탐심은 마음을 병들게 하는데 또 돈이나 재산이 없으면 무척이나 생활이 어려우니 사람들은 돈에 집착할 수밖에 없는 현실인데 삶의 균형추는 어디서, 어떻게 찾을까?

4. 나그네의 밤 노래

하늘에서 내려온 그대
모든 고통을 달래 준다.
너무나 비참한 마음을
넘치는 활력으로 가득 채워 준다.

아, 나는 몰아대는 삶에 지쳤다.
모든 고통과 쾌락이 무엇이란 말인가?
달콤한 편안함이여,
어서 오라, 내 마음에!

산봉우리마다
정적이 감돌고
나뭇잎들도
흔들락 말락
숲속엔 새들도 울지 않는다.
기다리다 보면 너도
곧 편히 쉬게 되리라.

Wandrers Nachtlied

Der du von dem Himmel bist,
Alles Leid und Schmerzen stillest,
Den, der doppelt elend ist,
Doppelt mit Erquickung füllest,
—Ach, ich bin des Treibens müde,
Was soll all der Schmerz und Lust?—
Süßer Friede,
Komm, ach komm in meine Brust!

Über allen Gipfeln
Ist Ruh,
In allen Wipfeln
Spürest du
Kaum einen Hauch;
Die Vögelein schweigen im Walde.
Warte nur, balde
Ruhest du auch.

첫 번째 '나그네의 밤노래'는 괴테가 바이마르에 체류했던 시기(1775-1786)인 1776년에 쓴 시로서 슈타인 부인에게 보낸 시이다.

두 번째 '나그네의 밤노래'는 31세 때(1780년) Ilmenau의 Kickelhahn산의 오두막 판자에 써 놓았다가 66세 때(1815)에야 발표했다. 1780년 1월 스위스 여행에서 돌아와서 9월 6일 밤에 이 시를 썼다.

괴테는 인생길을 나그네 길로 보고 끊임없이 노력하지만 목표에 이르는 과정이 순탄하지 않다고 생각한다. 바위 덩어리를 산 밑에서 산위로 굴려 올리는 것과 같이 버겁다. 그래서 그도 몰아대는 삶에 지쳤다고 하소연하며 마음 편할 날을 학수고대한다.

인간은 나그네이자 동시에 그네와 같은 존재인가? 기쁨과 슬픔, 행복과 불행, 열정과 냉정, 희망과 절망, 기고만장과 의기소침,

절제와 탐욕, 명예와 부 사이를 오르락내리락하는 그네 말이다. 양극성 사이에서 우물쭈물하면 불안하여 숨이 고르지 못하게 된다. 힐링은 숨을 잘 쉬어야 얻어진다.

삶이란 압박하는 들숨과 상쾌하게 하는 날숨의 기묘한 혼합이다. 무엇이 우리를 짓누르고 있는가를 살펴보고 그로부터 자유로워야 인생이 술술 풀린다. 한 잔의 술을 마시고 예술의 정취에 젖어 보는 것은 어떨까?

5. 포도주와 물

물만 마시면 벙어리가 돼
연못의 물고기들이 그렇지
포도주만 마시면 멍청이가 돼
술상 앞 너희들이 그렇지
난 벙어리도 멍청이도 안 되고 싶어
포도주에 물을 섞어 마시고 싶어.

Wasser allein macht stumm,
Das beweisen im Teiche die Fische.
Wein allein macht dumm,
Das beweisen die Herren am Tische.
Und da ich keines von beiden will sein,
Giess ich das Wasser in den Wein hinein.

이 시는 괴테가 어느 날 술 생각이 간절해 주막에 들렀는데 터프한 젊은이들이 옆 테이블에서 술에 취해 버릇없이 굴어 그들을 제압할 의도로 쓴 즉흥시이다. 그는 주인에게 가장 비싼 고급 와인과 물을 가져오라고 주문한 다음 술잔에 그 비싼 와인과 물을 섞어 마시자 젊은이들이 괴테를 놀렸다. 그때 괴테가 이 시를 낭송하자 그들은 기가 꺾여 코가 납작하게 되었다는 에피소드가 전해진다. 시적 재치로 술상을 평정한 괴테처럼 우리는 고요한 평정심의 비법을 터득해야 한다.

일상생활을 어떻게 하는 것이 바람직한지 한 많은 우리 인생에 괴테가 알려 주는 꿀팁에 귀 기울려 보면 어떨까?

6. 다섯 가지

그의 "다섯 가지"라는 시를 정리해 보면 이렇다.

교만한 마음으론 우정을 맺지 못하고,
무례는 비천과 같고,
사악해서는 위대해 질 수 없다.
시기심이 많으면 타인을 포용할 수 없고,
가식은 성실과 신뢰와는 거리가 멀다.

활동은 시간을 짧게 해준다.
나태는 시간을 지루하게 한다.
우물쭈물하는 것은 금물이다.
결단력이 유익하다.
자신을 지키는 것은 명예로운 일이다.

오만과 편견, 무례와 사악함을 벗어난 겸손의 극치에 이를 수 있도록 우리는 노력해야 할 것이다. 오늘날 사람들은 다 자기 잘난 맛에 살맛나 우쭐거리니 뉘우쳐 고개 숙인 나무처럼 살아가려고 하지 않는다. 다른 사람들을 포용하기 어렵고 가식과 기만이 판을 친다. 성실과 신뢰는 어디로 가버렸는가. 영화 『타이타닉』의 명대사 "나는 당신을 믿는다."를 떠올려 보면 어떨까. 인간관계에서 신뢰는 유리그릇 같아서 한번 깨지면 복원하기가 간단하지 않다. 의미와 가치로 넘실대는 활동, 거친 세파에도 중심을 잃지 않고 자신을 지키는 용기와 결단이야말로 수박 껍질 같은 삶이 아닌 성공과 행복이 알알이 박힌 석류 같은 삶으로 우리를 이끌 것이다.

괴테는 의미 있는 인생을 자기혁신과 환골탈태의 과정으로 본다.

7. 황홀한 그리움

불꽃 속의 죽음을 동경하는

살아 있는 것을 나는 찬미한다.
이것을 지혜로운 사람들에게만 말해라,
일반인들에게 말해봤자 비웃음만 살 것이다.

네가 태어났고, 너를 낳았던
서늘한 사랑의 밤에
촛불 조용히 타오르면
너를 엄습하는 이상한 느낌.

더 이상 어둠의 그늘아래
주저앉지 마라,
새로운 갈망이 너를 낚아채
더 높은 결합으로 나아가게 하라.

아무리 멀어도 마법에 홀린 듯
훌쩍 날아와,
나비, 너는 마침내 불꽃을 열망하여
너를 태우는구나.

죽어서 살아나라!
네가 그리 되지 않는다면,
넌 어두운 지상에서
우울한 손님으로 살아갈 뿐이다.

Selige Sehnsucht

Sagt es niemand, nur den Weisen,
Weil die Menge gleich verhöhnet,
Das Lebend'ge will ich preisen,
Das nach Flammentod sich sehnet.

In der Liebesnächte Kühlung,
Die dich zeugte, wo du zeugtest,
Überfällt dich fremde Fühlung,
Wenn die stille Kerze leuchtet.

Nicht mehr bleibest du umfangen
In der Finsternis Beschattung,
Und dich reißet neu Verlangen
Auf zu höherer Begattung.

Keine Ferne macht dich schwierig,
Kommst geflogen und gebannt,
Und zuletzt, des Lichts begierig,
Bist du, Schmetterling, verbrannt.

Und so lang du das nicht hast,
Dieses: Stirb und werde!

Bist du nur ein trüber Gast
Auf der dunklen Erde.

괴테의 『서동시집』에 실려 있는 시로 순간마다 새로워지는 차원 높은 삶을 역설한다.

나비는 새로운 생명을 열망하여 불꽃 속에 몸을 던져 타 죽는다. 소멸이 생성의 전제조건이고, 소멸은 육체적 죽음이 아니라 정신적, 의식적, 내면적 변화 내지는 변용을 의미한다.

촛불은 보다 높은 빛, 보다 높은 불꽃 속의 죽음을 상징하고, 빛과 온기를 주기 위해 스스로 소모된다. 자기희생이다. "촛불을 보라, 녹아 흐르며 비추는 것을"[13], "존재하기 위하여 우리들의 실존을 포기할 때 온전한 예술작품이 생겨난다."[14] 현재의 삶에 만족하지 않고 완성을 향한 새로운 자신으로 변용하기 위하여 지금의 자신으로부터 벗어나는 것, 새롭게 하기에 대한 촉구가 중요하다. "항상 변화하고 굳은 의지로 버텨내고 형태를 만들어내고 또 형태를 바꾸며 경탄하기 위해 나는 존재 한다".[15]

나이 들어가면서 괴테는 활동을 강조한다. "우리들의 영원한 지속에 대한 확신은 활동에서 나온다. 지금 내 삶의 모습이 정신에 더 이상 견지될 수 없다면 자연은 내게 다른 형태의 삶을 제시

13) 괴테의 시 『체념』 참조.
14) 괴테, 리머에게 1811. 5. 24.
15) 괴테의 시 『인사말』 참조.

할 의무가 있다."[16)]

사람들이 현실적이고 물질적인 것에 얽매어서 정신적 변형의 계기를 갖지 못하면 우울한 방랑자의 삶일 수밖에 없다. 우울한 삶에서 벗어나는 길은 의미 있는 활동을 끈임 없이 해나가는 것이며, 익숙한 삶에서 미지의 삶으로 옮겨가는 것이 죽음이라면 이 활동이야말로 존재의 영속성을 가져다준다.

8. 하나와 모두

제3연 만을 제시한다.

이미 만들어진 것을 바꿔 새롭게 만들기 위해,
굳어지지 않도록 철저한 자기관리를 위해,
살아 있는 영원한 실행이 작용하고 있다.
예전에 없었던 것이 이제 생겨나려한다.
맑은 해, 영롱한 별이 되려한다.
어떤 경우에도 정체되어서는 안 된다.

EINS UND ALLES

Und umzuschaffen das Geschaffne,

16) 괴테, 에커만에게 1829. 2. 4.

Damit sich's nicht zum Starren waffne,
Wirkt ewiges lebendiges Tun.
Und was nicht war, nun will es werden,
Zu reinen Sonnen, farbigen Erden,
In keinem Falle darf es ruhn.

9. 유언

참된 것은 이미 오래전에 발견되어 있었고,
고귀한 영들이 결합시켜 주었느니,
그 오래된 '참', 그걸 붙잡으라!

이제 즉시 내면을 향하라,
중심은 거기 안에서 네가 찾아낸다
그 점은 어떤 고귀한 이도 의심하지 않으리.
그대 거기서 어떤 규칙도 아쉬워하지 않으리,
꿋꿋한 양심이야말로
너의 도덕적인 나날에 태양이니까.

절도 있게 즐기라, 충만과 축복을
분별이 거기 있게 하라, 어디든
삶이 삶을 기뻐하는 곳이거든.

그러면 과거는 지속하고,
미래의 것도 앞서서 살고
순간은 영원이다.

하여 마침내 그게 이루어지면 너는
결실할 수 있는 것만이 참되다는
느낌이 사무친다.
너는 섭리를 점검한다.
그 이치 따라 방향이 잡히리라,
가장 작은 무리에 어울리라.

태곳적부터 가만히
사랑의 위업을 자신의 뜻 따라
철학자가, 시인이 이루어 냈듯
너도 가장 아름다운 호의를 얻게 되리니.
고귀한 영혼들에게 먼저 느껴지는 게
가장 소망스러운 소명이니까.[17)]

VERMÄCHTNIS

Das Wahre war schon längst gefunden,

---

17) 전영애, 위의 책 669-671쪽에서 인용함.

Hat edle Geisterschaft verbunden,
Das alte Wahre, faß es an!

Sofort nun wende dich nach innen,
Das Zentrum findest du da drinnen,
Woran kein Edler zweifeln mag.
Wirst keine Regel da vermissen :
Denn das selbständige Gewissen
Ist Sonne deinem Sittentag.

Genieße mäßig Füll' und Segen,
Vernunft sei überall zugegen,
Wo Leben sich des Lebens freut.
Dann ist Vergangenheit beständig,
Das Künftige voraus lebendig,
Der Augenblick ist Ewigkeit.

Und war es endlich dir gelungen,
Und bist du vom Gefühl durchdrungen:
Was fruchtbar ist, allein ist wahr,
Du prüfst das allgemeine Walten,
Es wird nach seiner Weise schalten,
Geselle dich zur kleinsten Schar.

Und wie von alters her im stillen
Ein Liebewerk nach eignem Willen
Der Philosoph, der Dichter schuf,
So wirst du schönste Gunst erzielen :
Ist wünschenswertester Beruf.

괴테의 시 "유언"에서는 오래 전부터 발견된 '참된 것'을 붙잡고, 내면에 있는 중심을 찾아내라고 주문한다.

현실에 안주하지 않고 자신의 삶을 끌어 올리는 과정과 마침내 자신의 꿈을 이루는 것이 모두 가치 있는 일인데, 인간이라면 고상하고, 남을 돕기 좋아하고, 착해야 한다고 괴테는 설파하면서 유용하면서도 정당한 것을 한없이 창조해 나갈 것을 우리들에게 주문한다.

10. 신성

인간이라면 고상하고
자비롭고 선량해야지!
그것만이 인간을
우리가 알고 있는
다른 모든 존재와
구별해 주기 때문이지.

우리가 알지 못하고
예감할 뿐인
고귀한 존재들에 영광 있으라!
인간이라면 그들을 본받아야지!
그들과 같은 롤 모델을 보고
우리는 그들을 믿게 된다.

자연은 무엇에도 치우친 감정이 없기에,
햇볕은 선악에 똑같이 들고,
달과 별도 죄인이나 의인에게
차별 없이 빛난다.
영원하고 위대한
철칙에 따라서
우리 모두 현재의 삶을 둥글게
완성시켜야 한다.

오직 인간만이
불가능한 것을 해낼 수 있으니,
식별하고 선택하고
바르게 조정하며
순간을 영원으로
이끌 수 있다.

고상한 인간은
자비롭고 선량해야지!
유용하고 정당한 것을
한없이 창조해야지.
우리들에게 저 예감된 존재들처럼
롤 모델이 되어야지!

Das Göttliche

Edel sei der Mensch,
Hilfreich und gut!
Denn das allein
Unterscheidet ihn
Von allen Wesen,
Die wir kennen.

Heil den unbekannten
Höhern Wesen,
Die wir ahnen!
Ihnen gleiche der Mensch!
Sein Beispiel lehr uns
Jene glauben.

Denn unfühlend
Ist die Natur:
Es leuchtet die Sonne
Über Bös und Gute,
Und dem Verbrecher
Glänzen wie dem Besten
Der Mond und die Sterne.

Wind und Ströme,
Donner und Hagel
Rauschen ihren Weg
Und ergreifen
Vorüber eilend
Einen um den andern.

Auch so das Glück
Tappt unter die Menge,
Faßt bald des Knaben
Lockige Unschuld,
Bald auch den kahlen
Schuligen Scheitel.

Nach ewigen, ehrnen,

Großen Gesetzen
Müssen wir alle
Unseres Daseins
Kreise vollenden.

Nur allein der Mensch
Vermag das Unmögliche:
Er unterscheidet,
Wählet und richtet;
Er kann dem Augenblick
Dauer verleihen.

Er allein darf
Den Guten lohnen,
Den Bösen strafen,
Heilen und retten,
Alles Irrende, Schweifende
Nützlich verbinden.

Und wir verehren
Die Unsterblichen,
Als wären sie Menschen,
Täten im großen,

Was der Beste im kleinen
Tut oder möchte.

Der edle Mensch
Sei hilfreich und gut!
Unermüdet schaff er
Das Nützliche, Rechte,
Sei uns ein Vorbild
Jener geahneten Wesen!

천재들도 불멸의 존재가 아닌 점은 보통 사람들이 위안을 삼는 것이지만, 모든 사람들은 시한부 삶을 살아가는데, 순간을 영원으로 잇는 비결은 무엇일까?

인생여정에서 우리는 수많은 선택의 기로에서 알곡과 쭉정이를 식별하여 올바르게 걸러내는 지혜가 필요하다. 과거는 이미 있었던 순간들이고, 미래는 앞으로 있을 순간들이기에 현재의 순간이 부르는 영원한 노래로 인생을 가득 채우는 것이 바람직하다.

꿈을 이루어가는 과정으로서 순간들이 있고, 마침내 꿈을 실현하는 순간이 있는데, 어디에 더 무게를 둘 것인지는 각자 생각에 따라 다르겠지만 삶이라는 등반에서 정상에 빨리 도착하려고 조급해질 수도 있지만, 한 걸음 한 걸음 내 딛는 등반과정도 무척 신나고 의미 있는 것이다. 키네시스적 인생이냐 에네르게이아적 인생이냐, 아니면 둘 다 두루 갖춘 인생이냐, 그것이 문제다.[18)]

괴테는 그의 성실한 비서였던 에커만에게 이렇게 말한다. “매너리즘에 빠진 사람은 작업을 빨리 끝내기만 바라며 작업 자체에는 기쁨을 느끼지 못한다. 위대한 작가는 창작 과정에서 말할 수 없는 희열을 발견하고, 순수한 행복을 누린다. 재능이 부족한 사람일수록 예술 그 자체에 만족하지 않고 작업 후의 이익만을 생각한다. 세속적인 목적과 성향으론 위대한 것을 결코 이룰 수 없다.”[19)]

인생에 대한 내공과 혜안을 갖춰 커다란 성취를 해내려면 마음의 밭을 갈고 닦는 일이 무엇보다도 긴요하다. 눈물로 씨를 뿌리고 밭이랑에 물을 줌으로써 풍성한 알곡들을 수확할 수 있다. 인생길이 가시길이든 꽃길이든 심은 대로 거두게 되어있다.

11. 자연과 예술

자연과 예술은 서로 등을 돌리려다가
어느새 서로를 찾아낸다.
내 마음에도 반감은 사라지고,
둘 다 똑같이 내 마음을 사로잡는다.

---

18) 키네시스(kinesis)는 아리스토텔레스의 목적론적 운동을 말한다. 효율성과 신속성이 요구된다. 에네르게이아(energeia)는 목적의 완성보다는 실현해가는 활동에 주목한다. 과정자체를 결과로 보는 운동이다.

19) 요한 페터 에커만 지음, 박영구 옮김: 괴테와의 대화. 푸른 숲 2000, 126, 128쪽 참조.

중요한 것은 정직한 노력이다.
우리가 한결같이 정신과 근면으로
예술에 몰입했을 때 비로소
자연은 가슴속에서
다시 자유롭게 달아오르리.

인간형성 또한 이와 같으니,
방종한 정신으론 순수하고 높은
완성에 이를 수 없다.

위대한 일에는 온 힘을 다해야 한다.
대가는 제한 속에서 비로소 진가를 드러내고,
자유를 주는 것은 오직 법칙뿐이다.

Natur und Kunst...

Natur und Kunst, sie scheinen sich zu fliehen
Und haben sich, eh man es denkt, gefunden ;
Der Widerwille ist auch mir verschwunden,
Und beide scheinen gleich mich anzuziehen.

Es gibt wohl nur ein redliches Bemühen!
Und wenn wir erst in abgemeßnen Stunden

Mit Geist und Fleiß uns an die Kunst gebunden,
Mag frei Natur im Herzen wieder glühen.

So ist's mit aller Bildung auch beschaffen :
Vergebens werden ungebundne Geister
Nach der Vollendung reiner Höhe streben.

Wer Großes will, muß sich zusammenraffen ;
In der Beschränkung zeigt sich erst der Meister,
Und das Gesetz nur kann uns Freiheit geben.

현명한 사람은 정신의 분산요구를 거절한다. 인생을 진지하게 생각하지 않으면 결코 성취하지 못하고 자기 자신에게 명령하지 않으면 언제까지나 종이다. 자신을 절제하고 고립시키는 일이 궁극적으로 가장 큰 예술이다. 격한 고독 속에서 자유를 느낄 수 있을 때 인생과 행복을 제대로 볼 수 있다.

12. 상기

너는 늘 저 먼 곳으로 떠돌려 하는가?
좋은 것은 늘 이렇게 가까이 있는데
행복을 붙잡는 법만 터득하라
행복은 늘 지금 여기에 있으니까.

Erinnerung

Willst du immer weiter schweifen?
Sieh, das Gute liegt so nah.
Lerne nur das Glück ergreifen,
Denn das Glück ist immer da.

13. 세상사는 법

아름다운 인생을 짜 맞추려거든
지나간 일을 두고 걱정해서는 안 된다.
사소한 일로 네 마음이 불쾌 할 때도 있겠지만
항상 현재를 즐겨라.
사람을 미워해서는 안 되며
미래는 신에게 맡겨라.

Lebensregel

Willst du dir ein hübsch Leben zimmern,
Mußt dich ums Vergangne nicht bekümmern;
Das wenigste muß dich verdrießen;
Mußt stets die Gegenwart genießen,

Besonders keinen Menschen hassen
Und die Zukunft Gott überlassen.

행복이라는 푸른 꽃은 지금 여기 가까운 곳에 피어 있다. 우리들의 두 눈으로 사물들과 현상들을 살피고, 본질을 파악할 수 있다면 폭풍의 하늘에 걸려 있는 무지개를 볼 수 있다. 지난 일들을 두고 후회에 젖어 산다면 마음의 혼란과 불균형만 넘쳐 날 것이다. 행복은 많은 것을 이룬 노년에 찾아오는 것이 아니라, 이리저리 헤매면서 성취해 나가는 청춘시절부터 마주칠 수 있다. 인생의 어느 시기이든 간에 우리들의 영혼을 가치 있는 창조력으로 가득 채운다면 짧은 인생도 영원으로 이어질 수 있다. 매 순간마다 영원한 것이 우리에게 현존한다면 우리는 허무한 세월 앞에서도 슬퍼하지 않고, 과거는 계속이어지고, 미래는 앞당겨 생생히 살아 있게 되며, 순간은 영원하다.

14. 초상화가의 노래

마음속의 창조력이
내 오감을 통해 드러나길,
생동하는 형상이
내 손끝에서 터져 나오기를!
예전엔 삭막한 황야였던 곳에서

이제는 기쁨의 샘물을 맛보고 있다.
자유롭고 사랑스럽게 자연을 느낄 때
자연은 신나는 분수가 되고
내 감각들은 자연의 힘을 끌어 올린다.
비좁은 공간에 갇혀 있는 현존재를
넓히고 넓혀 영원으로 연결하리라.[20)]

헬로 행복! 날마다 어떤 상황에서도 행복과 연애하듯이 행복에 말을 걸면 행복은 우리에게 메아리처럼 계속 울려 올 것이다.

Ⅲ. 자연시

괴테의 작품들에서 자연은 심신이 지쳐 탈진상태에 있는 주인공들과 등장인물들을 치유해 준다. 이것은 물질문명과 과학기술이 발전해 나감에 따라 상대적으로 인간의 정신과 영혼의 세계가 피폐해지고 삭막해지고 있음을 반증한다. 인간에게 잃어버린 그의 총체성을 다시 되돌려주는 것은 자연이다. 인간은 자연과 융합됨으로써 행복한 삶을 살아갈 수 있고, 자연은 세상살이에 병

20) 괴테의 시 『초상화가의 노래』 참조. 시 전체를 직역하지 않고 내용을 풀어서 정리했음.

든 인간을 치유해주는 명의 중의 명의인 것이다.

괴테의 자연시들을 인간과 자연의 상호관계 속에서 감상해 보는 것은 숨 가쁘게 살아가는 현대인들에게 커다란 위안과 힐링이 될 것이다.

1. 달에게

그댄 숲과 계곡을
살포시 은빛 안개로 채운다.
마침내 온통
내 영혼도 녹여 준다.

그댄 나의 들판에
위안의 시선을 던져 준다.
친구의 다정한 눈길이
내 운명에 펼쳐지듯이.

좋을 때나 궂을 때나
모든 여운 가슴속에 울려,
나는 호올로
기쁨과 고통 사이를 거닌다.

흘러가라, 흘러가라, 사랑스런 강물이여!
내 기쁠 날 없으리!
웃음도 키스도 믿음도
그렇게 사라져 버렸네.

나도 예전엔 소중한 걸
갖고 있었지.
끝내 그걸 잊지 못하여
고통만 남는 것을!

흘러가는 강물이여,
계곡 따라 한없이
흘러 내 노래에
선율을 속삭여 다오.

겨울밤에 화난 듯
철철 넘쳐흐를 때,
꽃들이 만발한 봄날에
돋아난 꽃봉오리 감돌아 흐른다.

미움 없이
세상과 등을 지고
어떤 한 친구와

함께 예감을 즐기는 사람,

사람들이 모르는
기대도 않았던 것을,
가슴속 미궁을 지나
어둠 속 거니는 것을.

An den Mond

Füllest wieder Busch und Tal
Still mit Nebelglanz,
Lösest endlich auch einmal
Meine Seele ganz ;

Breitest über mich Gefild
Lindernd deinen Blick,
Wie des Freundes Auge mild
Über mein Geschick.

Jeden Nachklang fühlt mein Herz
Froh- und trüber Zeit,
Wandle zwischen Freud und Schmerz
In der Einsamkeit.

Fließe, fließe, lieber Fluß!
Nimmer werd ich froh,
So verrauschte Scherz und Kuß,
Und die Treue so.

Ich besaß es doch einmal,
Was so köstlich ist!
Daß man doch zu einer Qual
Nimmer es vergißt!

Rauschte, Fluß, das Tal entlang,
Ohne Rast und Ruh,
Rausche, flüstre meinem Sang
Melodien zu,

Wenn du in der Winternacht
Wütend überschwillst,
Oder um die Frühlingspracht
Junger Knospen quillst.

Selig, wer sich vor der Welt
Ohne Haß verschließt,
Einen Freund am Busen hält
und mit dem genießt,

Was, von Menschen nicht gewußt
Oder nicht bedacht,
Durch das Labyrinth der Brust
Wandelt in der Nacht.

2. 물 위의 정령들의 노래

인간의 영혼은
물과 같다.
하늘에서 내려와
하늘로 올라가고
또다시 내려온다.
땅으로, 그렇게
끝없이 반복한다.

높고 가파른
암벽에서
맑은 물줄기 쏟아져
반질반질한 바위 위로
구름 같은 물결 이루며
사랑스럽게 흩날리곤,
즐겁게 안겨
안개를 이루듯

조용히 속삭이며
깊은 골짜기로 굽이쳐 흘러간다.

암벽이 솟아
물 흐름이 막히면
격분한 듯 거품 뿜으며
층층이
나락으로 떨어진다.
평평한 골짜기 풀밭에선
살며시 흘러가고,
잔잔한 호수에선
숱한 별들이
나르시즘에 빠진다.

바람은 물결의
아리따운 연인,
거품일고 울렁이도록
밑바닥까지 뒤흔든다.

인간의 영혼은
물과 같다!
인간의 운명은
바람과 같다!

Gesang der Geister über den Wassern

Des Menschen Seele
Gleicht dem Wasser :
Vom Himmel kommt es,
Zum Himmel steigt es,
Und wieder nieder
Zur Erde muß es,
Ewig wechselnd.

Strömt von der hohen,
Steilen Felswand
Der reine Strahl,
Dann stäubt er lieblich
In Wolkenwellen
Zum glatten Fels,
Und leicht empfangen
Wallt er verschleiernd,
Leisrauschend
Zur Tiefe nieder.

Ragen Klippen
Dem Sturz entgegen,

Schäumt er ummutig
Stufenweise
Zum Abgrund.

Im flachen Bette
Schleicht er das Wiesental hin,
Und in dem glatten See
Weiden ihr Antlitz
Alle Gestirne.

Wind ist der Welle
Lieblicher Buhler ;
Wind mischt vom Grund aus
Schäumende Wogen.

Seele des Menschen,
Wie gleichst du dem Wasser!
Schicksal der Menschen,
Wie gleichst du dem Wind!

3. 바다의 고요

깊은 고요가 흐르는 바다,
미동도 없는 잔잔한 바다,
사공이 둘러보니
매끈한 수면뿐이다.
바람 한 점 불지 않는다,
죽음 같은 정적이 오싹 스민다.
끝없이 넓은 바다에
물결 한 점도 일지 않는다.

Meeresstille

Tiefe Stille herrscht im Wasser,
Ohne Regung ruht das Meer,
Und bekümmert sieht der Schiffer
Glatte Fläche rings umher.
Keine Luft von keiner Seitel
Todesstille fürchterlich!
In der ungeheuern Weite
Reget keine Welle sich.

4. 신나는 항해

안개가 사라지니
하늘이 맑다.
바람의 신,
불안스런 끈을 풀어 놓는다.
바람은 윙윙
사공의 손 급하다.
어서 빨리! 어서 빨리!
물결이 갈라지니
먼 곳이 보인다.
벌써 육지가 보인다!

Glückliche Fahrt

Die Nebel zerreißen,
Der Himmel ist helle,
Und Äolus löset
Das ängstliche Band.
Es säuseln die Winde,
Es rührt sich der Schiffer.
Geschwinde! Geschwinde!
Es teilt sich die Welle,

Es naht sich die Ferne ;

Schon sehe ich das Land!

5. 가뉘멧

이 시는 주체와 객체의 합일, 우주와의 신비적인 합일, 인간과 자연의 조화, 문명사회에 대한 비판, 자기본성의 근원지로 돌아감을 단적으로 보여준다. 가뉘멧은 그리스 신화에 나오는 미소년으로 올림포스에서 열리는 신들의 연회에서 술을 따른다. 1774년에 쓴 찬가 형식의 이 시는 괴테의 질풍노도적인 성향이 잘 드러나 있다.

왜 이렇게 그대, 아침노을 속,
온통 불타는 눈빛으로 날 바라보는가.
봄이여, 연인이여!
수 천 겹 사랑의 환희와 함께
내 가슴으로 밀려온다.
영원한 그대의 따사로움,
성스러운 느낌,
무한한 아름다움이여!

그대 껴안고 싶어라
이 품 속에!

아, 그대 가슴에
누워 있어도 그리워 마음조려
그대의 꽃들, 그대의 풀잎들
내 가슴에 밀려오고
그대 내 마음의
타는 갈증 달래준다,
사랑스런 아침 바람이여,
저 안쪽 안개 서린 골짜기에선
밤 꾀꼬리들이
날 향해 사랑노래 부른다.

나는 간다! 나는 간다!
어디로? 아, 어디로?

위로, 위로 마냥 향한다.
구름이 아래로
떠내려 온다, 구름이
애타는 사랑에게로 다가온다.
내게로, 내게로!
그대들의 품 안에서
위로!
얼싸 안으며 얼싸 안겨있다!
위로

그대 가슴 안에서,
모든 것 사랑하는 주여!

GANYMED

Wie im Morgenrot
Du rings mich anglühst,
Frühling, Geliebter!
Mit tausendfacher Liebeswonne
Sich an mein Herz drängt
Deiner ewigen Wärme
Heilig Gefühl,
Unendliche Schöne!

Daß ich dich fassen möcht
In diesen Arm!

Ach, an deinem Busen
Lieg ich, schmachte,
Und deine Blumen, dein Gras
Drängen sich an mein Herz.
Du kühlst den brennenden
Durst meines Busens,

Lieblicher Morgenwind,
Ruft drein die Nachtigall
Liebend nach mir aus dem Nebeltal.

Ich komme! Ich komme!
Wohin? Ach, Wohin?

Hinauf, hinauf strebt's.
Es schweben die Wolken
Abwärts, die Wolken
Neigen sich der sehnenden Liebe,
Mir, mir!
In eurem Schoße
Aufwärts
An deinem Busen,
Alliebender Vater!

6. 때 이른 봄

희열의 나날들
너희 그리 곧 오겠는가?
나에게 태양이
언덕과 숲을 선사할까?

보다 풍성하게 흘러간다
특히 작은 개울들은.
이게 그 풀밭인가
이게 그 골짜기인가?

파르스름한 신선함!
하늘과 언덕!
황금 물고기들이
호수에 북적거린다.

색색깔 날개들이
숲에서 퍼득인다
천상의 노래들이
숲 안에서 울린다.

초원의
꽃피는 힘 아래서
꿀벌들은 잉잉거리며
즙을 맛본다.

나직한 움직임이
공중에서 떨린다
나른한 향기의

자극하는 움직임.

더 세차게 흔들린다
곧 한 가닥 숨결이
그렇지만 바로
없어진다, 꽃다발 속에서.

그러나 가슴으로
그것은 되돌아온다.
도와다오, 뮤즈여,
이 행복을 감당하기!

말하라, 어제부터
어떤 일이 내게 벌어졌는지?
사랑스런 자매들이여,
사랑이 여기 와 있단다![21]

FRÜHZELTIGER FRÜHLING

Tage der Wonne,
Kommt ihr so bald?

---

21) 전영애, 위의 책 434-435쪽에서 인용함.

Schenkt mir die Sonne,
Hügel und Wald?

Reichlicher fließen
Bächlein zumal.
Sind es die Wiesen,
Ist es das Tal?

Blauliche Frische!
Himmel unnd Höh'!
Goldene Fische
Wimmeln im See.

Buntes Gefieder
Rauschet im Hain ;
Himmlische Lieder
Schallen darein.

Unter der Grünen
Blühender Kraft
Naschen die Bienen
Summend am Saft.

Leise Bewegung
Bebt in der Luft,
Reizende Regung,
Schläfernder Duft.

Mächtiger rühret
Bald sich ein Hauch,
Doch er verlieret
Gleich sich im Strauch.

Aber zum Busen
Kehrt er zurück.
Helfet, ihr Musen,
Tragen das Glück!

Saget, seit gestern
Wie mir geschah?
Liebliche Schwestern,
Liebchen ist da!

참고문헌

1. 1차 문헌

Goethes Werke, Hamburger Ausgabe Bd. 3, Textkritisch durchgesehen und kommentiert von Erich Trunz. 13. Aufl., München 1986.

Goethes Werke, Hamburger Ausgabe Bd. 1~2, 4~14, Hamburg 1948-1986.

Goethes Faust, Text u. Kommentare, hrsg. v. A. Schöne, FA. Bde. 7/1-2. Frankfurt a. M. 1994.

Goethes Gedichte, FA. Bde. 1-3, Frankfurt a. M. 1987.

Goethes Werke, Gedenkausgabe, hrsg. v. Ernst Beutler, Bde. 3, 9 10, 14.

Goethe Briefe, HA in 6 Bdn, hrsg. v. K.R. Mandelkow. München 1988.

Eckermann, J. P., Gespräche mit Goethe. München 1984.

Goethes Gespräche, hrsg. v. W. Herwig. Zürich 1972.

2. 2차 문헌

Buchwald, Reinhard: Führer durch Goethes Faust-dichtung. Erklärung des Werkes und Geschichte seiner Entstehung. Stuttgart 1955.

Emrich, Wilhelm: Die Symbolik von Faust Ⅱ, Sinn und Vorformen, Frankfurt a. M. / Bonn 1964.

Friedrich, Theodor/Scheithauer, Lothar J.: Kommentar zu Goethes Faust. Stuttgart 1985.

Keller, Werner (Hrsg.) : Aufsätze zu Goether Faust Ⅰu. Ⅱ. Darmstadt 1984. u. 1992.

Kommerell, Max : Faust und die Sorge. In : M. K., Geist u. Buchstabe der Dichtung, S. 75~111.

Mattahaei, Rupprecht : Die Farbenlehre in Faust. In : Goethe 10 (1947).

Requadt, Paul : Goethes Faust Ⅰ. Leitmotivik und Architektur. München 1972.

Schlaffer, Heinz : Faust zweiter Teil. Die Allegorie des

Staiger, Emil : Goethe. 3 Bde. Zürich 1952~59.

Strich, Fritz : Goethes Faust. Bern/München 1964.

Wiese, Benno von : Die deutsche Tragödie von Lessing bis Hebbel. 6. Aufl., Hamburg 1964.

Zabka, Thomas : Faust Ⅱ. Das Klassische und das Romantische. Tübingen 1993.

3. 국문 참고문헌

강두식 옮김: 파우스트. 서울 1976 / 1987.

강두식: 파우스트 Ⅰ·Ⅱ부. 해설과 주석. 서울 1988.

김동중: 파우스트의 새로운 이해. 전남대학교출판부 1998.

김동중: 독일서정시의 새로운 이해. 전남대학교출판부 2000.

김수용: 예술의 자율성과 부정의 미학. 서울 1998.

김수용: 괴테 파우스트 휴머니즘. 책세상 2004.

김수용: 『파우스트』에 나타난 악의 본성, in: 독일언어문학 제12집, 1999, S. 149-175.

김수용: 선험적 이념과 역사적 현실간의 갈등 – 파우스트의 마지막 모놀로그 분석, in: 독일언어문학 제14집, 2000, S. 183-211.

김용민: 생태학적 관점에서 본『파우스트』2부, in: 독일언어문학 제13집, 2000, S. 117-134.

괴테협회 (편): 파우스트 연구. 서울 1986.

괴테협회 (편): 괴테연구. 서울 1983.

박영구 옮김: 괴테와의 대화. 푸른숲 2000.

박찬기 외 공저: 파우스트와 빌헬름 마이스터 연구. 민음사 1993.

송동준 옮김: 괴테. 한길사 1998.

안진태: 파우스트의 여성적 본질. 서울 1999.

이은희: 내 인생을 바꿔준 괴테의 말 한마디. 예문 2007.

임홍배:『파우스트』2부의 비판적 근대인식, in: 괴테연구 제14집, 2002, S. 23-37.

전영애 옮김: 괴테 시 전집. 민음사 2009.

전영애, 최민숙 옮김: 괴테 자서전 시와 진실. 민음사 2009.

정서웅 옮김: 파우스트 1, 2. 민음사 1999.

한국괴테학회: 괴테연구. 서울 1994 f.